AF294527

Cornelia Münch, Franz-Michael Binninger

Bedeutung und Nutzung von Social Media in der Marketingkommunikation bayerischer Unternehmen anhand einer empirischen Untersuchung

Verlag: tredition GmbH, Hamburg

ISBN
Paperback   978-3-7323-3523-7
Hardcover   978-3-7323-3524-4
e-Book   978-3-7323-3525-1

Printed in Germany

Inhaltsverzeichnis

Abbildungsverzeichnis

Anhangsverzeichnis

Abkürzungsverzeichnis

B2B	Business-to-Business
B2C	Business-to-Consumer
B2G	Business-to-Government
KPI	Key Performance Indikator
SEA	Search Engine Advertising
SEO	Search Engine Optimization

1. Einleitung

Am 4. Februar 2014 feierte Facebook sein 10-jähriges Bestehen. Mit weltweit 1,39 Milliarden monatlich aktiven Nutzern (Stand 31. 12. 2014)[1] ist es das größte soziale Netzwerk vor Google+, LinkedIn, XING und Co. Auch in Deutschland dominiert Facebook die sozialen Netzwerke und ist aus dem Alltag von 69 Prozent der Internetnutzer nicht mehr wegzudenken[2]. Social Networks, wie sie im englischen Sprachraum genannt werden, sind jedoch nur ein Teil von Social Media. Grundsätzlich versteht man darunter alle Plattformen im Internet, die es dem Nutzer ermöglichen, in soziale Interaktion mit anderen Usern zu treten und dabei gemeinsam den Inhalt der Seiten zu gestalten[3]. Dazu zählen somit auch Wikis, Blogs, diverse Foren sowie Foto- und Videoportale, wie flickr oder YouTube.

Nachdem soziale Medien im privaten Bereich während des letzten Jahrzehnts immer mehr an Bedeutung gewannen, hat seit einigen Jahren auch die Geschäftswelt das Potential dahinter erkannt. Vorreiter waren Unternehmen aus dem Bereich Business-to Consumer (B2C). Sie waren die Ersten, die Social Media als neuen Kommunikationskanal nutzten und damit die Möglichkeit wahrnahmen, ihre Marken und Produkte bei ihren Zielgruppen bekannter zu machen, ohne dafür ein großes Budget aufwenden zu müssen. Ob sich Aktivitäten im Social Web auch für Unternehmen aus dem Bereich Business-to-Business (B2B), deren Kunden somit andere Firmen und nicht Privatpersonen sind, lohnen, ist im deutschen Sprachraum dagegen erst seit 2009 ein Thema[4] und wird immer noch kontrovers diskutiert. Ebenfalls zu berücksichtigen ist die Entwicklung im Bereich Business-to-Government (B2G), welcher diejenigen Unternehmen umfasst, die geschäftliche Beziehungen mit öffentlichen Stellen, wie Regierungen und Behörden, pflegen. Für den deutschsprachigen Raum lagen jedoch zum Zeitpunkt der Entstehung dieses Buches keine Untersuchungsergebnisse vor, ob und inwieweit

---

[1] Vgl. Facebook (2014).
[2] Vgl. Schmidt (2014).
[3] Vgl. Geißler (2010).
[4] Vgl. Pleil (2010), S. 12.

diese Unternehmen Social Media in ihrer Marketingkommunikation einsetzen.

Im Folgenden sollen anhand einer Befragung der Geschäftsführer und Marketingverantwortlichen von Unternehmen mit Hauptsitz in Bayern Erkenntnisse aus der Praxis gewonnen und analysiert werden, welche Bedeutung Social Media im B2B-, B2C- und B2G-Bereich beigemessen wird und in welchem Umfang die Unternehmen es bereits in ihrer Marketingkommunikation einsetzen. Hierfür soll zunächst eine kurze generelle Einführung zum Thema Marketingkommunikation sowie Social Media erfolgen. Es folgen Erläuterungen zur methodischen Vorgehensweise bei der Durchführung der empirischen Untersuchung und Datenauswertung. Hierbei werden vor allem eventuelle Ähnlichkeiten und Unterschiede in den einzelnen Sektoren näher betrachtet, bevor ein abschließendes Fazit mit einem möglichen Ausblick erfolgt.

2. Marketingkommunikation

Im Marketing versteht man unter Kommunikation „das Senden von verschlüsselten Informationen, um beim Empfänger eine Wirkung zu erzielen"[5]. Dementsprechend beschäftigt sich die Marketingkommunikation mit der „Planung, Ausgestaltung, Abstimmung und Kontrolle"[6] sämtlicher Kommunikationsinstrumente und –maßnahmen eines Unternehmens, die eingesetzt werden, „um das Unternehmen, Produkte und seine Leistungen den relevanten internen und externen Zielgruppen der Kommunikation darzustellen und/oder mit den Zielgruppen eines Unternehmens in Interaktion zu treten"[7].

2.1. Entwicklungsphasen der Kommunikation

Nach Bruhn kann die Entwicklung der Kommunikation grob in sieben Phasen eingeteilt werden. In den 1950er Jahren, der sogenannten unsystematischen Phase, lag in Deutschland ein reiner Verkäufermarkt vor. Die Kommunikation hatte für den Verkauf keine große Bedeutung. Die 60er Jahre des letzten Jahrhunderts beschreibt Bruhn als Phase der Produktkommunikation. Da die Verkaufsorientierung dominierte, kam der Kommunikation die Aufgabe der Vertriebsunterstützung zur Steigerung des Absatzes zu. Hierbei wurden vor allem Instrumente, wie die Mediawerbung, Verkaufsförderung und der persönliche Verkauf, eingesetzt. Als Phase der Zielgruppenkommunikation bezeichnet Bruhn die 1970er Jahre. Wegen der zunehmenden Fragmentierung der Märkte, mussten die Unternehmen in dieser Zeit verstärkt kundenorientiert agieren. Der Kommunikation kam daher die Aufgabe zu, einen spezifischen Kundennutzen zu vermitteln, was durch einen zielgruppenspezifischen Einsatz der Kommunikationsinstrumente erreicht und mittels der Markt- und Medienforschung sichergestellt wurde. Die Phase der Wettbewerbskommunikation der 1980er Jahre war geprägt von der Suche und dem Ausbau von Wettbewerbsvorteilen, die die Kommunikationspolitik dem Kunden in Form der Unique Selling Proposition

---

5 Meffert u.a. (2012), S. 606.
6 Ebd.
7 Bruhn (2011), S. 5.

vermitteln sollte. Neue Instrumente der Marktkommunikation, wie das Direct Marketing, Sponsoring und Event Marketing traten auf den Plan und verstärkten den Wettbewerb der Kommunikationsinstrumente untereinander. Die Entwicklung in den 1990er Jahren benennt Bruhn als Phase des Kommunikationswettbewerbs. Aufgrund der kritischen Einstellung großer Bevölkerungsteile gegenüber Unternehmen, deren Werbung und kommunikatives Engagement, mussten diese vermehrt auf ein glaubwürdiges und widerspruchsfreies Bild achten. Dies erforderte ein ganzheitliches Kommunikationskonzept zur Abstimmung aller Kommunikationsquellen. Die Phase der Dialogkommunikation in den 2000er Jahren war geprägt von neuen Medien, wie dem Internet, E-Mail und Call-Centern. Die abnehmende Unternehmensloyalität der Konsumenten zwang die Unternehmen zum Umdenken und resultierte in der Bemühung, Dialoge statt einseitiger Kommunikation zu initiieren, um langfristige Beziehungen zu den Kunden aufzubauen. Laut Bruhn befinden wir uns seit 2010 in der Phase der Netzwerkkommunikation. Persönliche Empfehlungen im Internet spielen beim Kaufentscheidungsprozess eine immer größere Rolle und neue Kommunikationsformen, wie die Online-Kommunikation, tragen heute und in Zukunft entscheidend zur Weiterentwicklung der Interaktivität der Kommunikation bei[8].

2.2. Wandel der Marketingkommunikation im digitalen Zeitalter

Die Online-Kommunikation ist neben Instrumenten wie der klassischen Werbung, Messen und Events seit der Phase der Dialogkommunikation in der 2000er Jahren fester Bestandteil des Kommunikationsbudgets von Unternehmen und hat sich als feste Größe im Kommunikationsmix etabliert[9]. Dies liegt nicht zuletzt an einigen spezifischen Eigenschaften der Online-Kommunikation, die sie zu einer der effizientesten Werbeformen überhaupt machen. Zu diesen Eigenschaften zählen neben der Möglichkeit zur detaillierten Messung der Interaktionen des Nutzers mit dem Kommunikationsmittel auch die Vermeidung von Streuverlusten durch verhaltensbasierte Einblendungen[10]. Darunter versteht man, dass einem Internetnutzer, der beispielsweise einen Begriff wie *Zahnersatz* googelt, auf der rechten Seite

---

[8] Vgl. Bruhn (2009), S. 5 f.
[9] Vgl. Meffert u.a. (2012), S. 622.
[10] Vgl. Kilian/Langner (2010), S. 16 f.

neben den Suchergebnissen Angebote von Zahnarztpraxen in der näheren Umgebung angezeigt werden.

Ein weiteres Unterscheidungsmerkmal zu anderen Kommunikationsformen ist die Interaktivität. Über das Internet kann die Kommunikation in beide Richtungen erfolgen. Jede Einheit kann Sender und Empfänger sein, es entsteht eine wechselseitige Kommunikation zwischen dem anbietenden Unternehmen und dem Nachfrager[11]. Zudem haben Marktteilnehmer im Internet die Möglichkeit, sich Informationen selbst zu beschaffen, wodurch sich ein Wechsel von der traditionellen Push-Kommunikation der Unternehmen zu einer Push-/Pull-Kommunikation vollzieht. Das bedeutet, dass Informationen von Unternehmen zwar im Sinne der Push-Strategie weiterhin über Massenmedien an möglichst viele Empfänger verbreitet werden, diese sich aber auch selbst die gewünschten Informationen aus entsprechenden Netzen ziehen können[12].

Die herkömmliche Online-Kommunikation konzentriert sich auf Websites, E-Mails, Bannerwerbung sowie Suchmaschinenwerbung (SEA) und –optimierung (SEO), wobei die Unternehmenshomepage üblicherweise im Mittelpunkt steht und die zentrale Anlaufstelle für Nachfrager und weitere Zielgruppen darstellt[13]. Für Konsumenten wird jedoch der gegenseitige aktive Austausch von Informationen immer wichtiger, „das Bedürfnis nach benutzer-generierten Inhalten nimmt dynamisch zu"[14]. Soziale Medien befriedigen dieses Bedürfnis und gewinnen daher immer mehr an Bedeutung. Aus diesem Grund berücksichtigt die moderne Online-Kommunikation neben den herkömmlichen Instrumenten auch soziale Medien und basiert demnach, wie in Abbildung 1 zu sehen, auf einem netzwerkorientierten Interaktionsmodell, in dem sowohl eine Interaktion zwischen Nachfrager und Unternehmen, als auch zwischen den Nachfragern untereinander stattfindet[15].

---

[11] Vgl. Kollmann (2007), S. 32.

[12] Vgl. ebd., S. 39.

[13] Vgl. Meffert u.a. (2012), S. 656.

[14] Bruhn (2011), S. 1081.

[15] Vgl. Meffert u.a. (2012), S. 655.

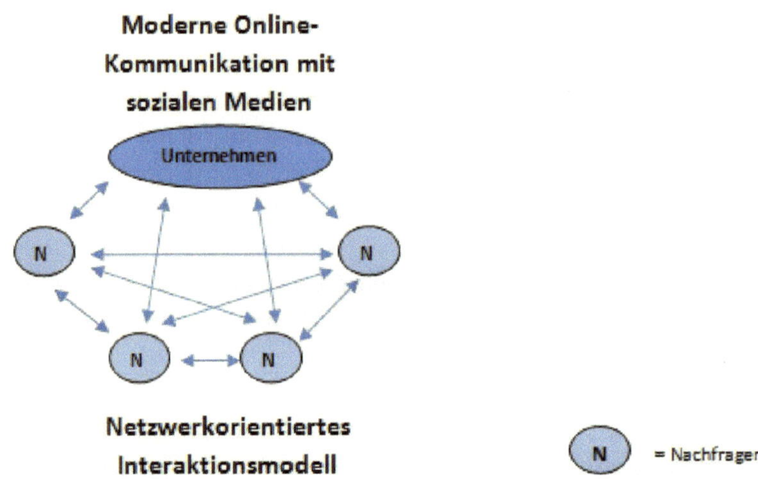

Abbildung 1: Netzwerkorientiertes Interaktionsmodell moderner Online-Kommunikation[16]

Nachdem der Begriff Social Media bereits einige Male verwendet wurde, soll im folgenden Kapitel nun geklärt werden, was genau man überhaupt darunter versteht.

---

[16] Eigene Darstellung in Anlehnung an Meffert u.a. (2012), S. 655.

3. Social Media

Grundsätzlich bezeichnet man als Social Media alle digitalen Plattformen, die es dem Nutzer ermöglichen, in soziale Interaktion mit anderen Nutzern zu treten und dabei gemeinsam den Inhalt der Seiten zu gestalten[17]. Synonym werden oft auch die Begriffe Social Web und Web 2.0 verwendet. Letzterer entstand während eines Brainstormings zwischen dem O'Reilly Verlag und MediaLive International[18] und stellt nicht wirklich ein Synonym für Social Media dar. Das Web 2.0 beschreibt nämlich lediglich eine neue Verhaltensweise der Internetnutzer, während sich soziale Medien auf die Ausprägungsformen beziehen und damit einen Teilbereich des Webs 2.0 darstellen[19][20]. Aus diesem Grund werden nachfolgend lediglich die Begriffe Social Media und Social Web synonym verwendet.

Wie das Social Media Prisma in Abbildung 2 zeigt, gibt es eine schier unendliche Anzahl von Social Media Plattformen und Kanälen. Im Folgenden sollen die bekanntesten Prototypen kurz vorgestellt werden.

3.1. Wikis

Bei einem Wiki handelt es sich um eine „webbasierte Software, die es allen Betrachtern einer Seite erlaubt, den Inhalt zu ändern, indem sie diese Seite online im Browser editieren. Damit ist das Wiki eine einfache und leicht zu bedienende Plattform für kooperatives Arbeiten an Texten und Hypertexten"[21]. Das Prinzip hinter Wikis ist die Weisheit der Masse („Wisdom of the crowd"), die der britische Forscher Francis Galton 1906 wissenschaftlich belegte[22] und die besagt, dass die Entscheidung einer großen Gruppe von Menschen in Summe zu einem besseren Ergebnis führt, als die von Einzelpersonen oder von nur wenigen Experten[23]. Das erste Wiki wurde

---

[17] Vgl. Geißler (2010).
[18] Vgl. O'Reilly (2005).
[19] Vgl. Meffert u.a. (2012), S. 666.
[20] Vgl. Ebersbach u.a. (2011), S. 27 ff.
[21]Ebd., S. 40.
[22] Vgl. Surowiecki (2005), S. XI ff.
[23] Vgl. Bruhn (2011), S. 1094.

1995 von Ward Cunningham entwickelt und nannte sich WikiWikiWeb, basierend auf dem hawaiianischen Wort *wikiwiki*, das soviel bedeutet wie *schnell* oder *sich beeilen.* Den Namen wählte Cunningham deshalb, weil gerade die Schnelligkeit und die einfache Bearbeitung die Wiki-Software auszeichnet[24].

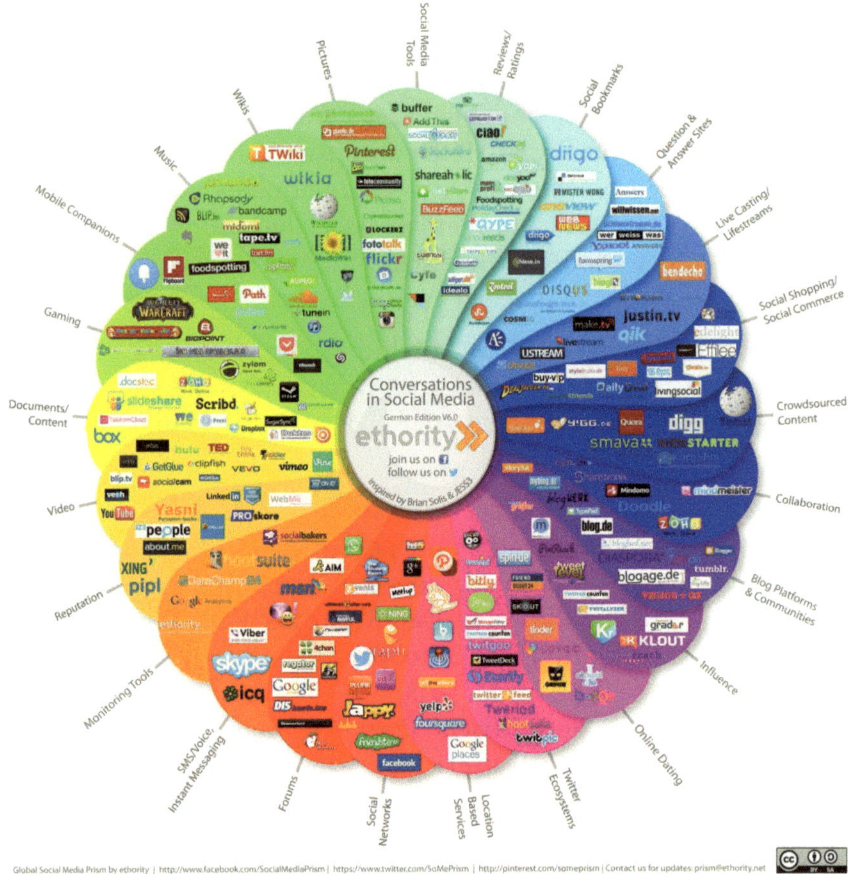

Abbildung 2: Das deutsche Social Media Prisma[25]

Das wohl bekannteste Wiki ist die größte freie Online-Enzyklopädie Wikipedia (http://www.wikipedia.org). Sie existiert seit dem 15. Januar 2001

---

[24] Vgl. Ebersbach u.a. (2011), S. 41.
[25] ethority GmbH & Co. KG (2014).

als Resultat eines Projekts von Jimmy Wales und Larry Sanger und ist mittlerweile in mehr als 280 Sprachen verfügbar[26]. Die deutschsprachige Wikipedia umfasst derzeit über 1.7 Mio. enzyklopädische Artikel, an denen von 20.055 aktiven Nutzern gearbeitet wird. Im Durchschnitt wird dabei jede Seite 28,87 Mal bearbeitet[27]. Änderungen können jeweils über die Versionsgeschichte eines Artikels angezeigt und gegebenenfalls rückgängig gemacht werden. Da nicht zwingend ein Account erforderlich ist, um sich an der Wikipedia zu beteiligen, wird bei Personen, die kein Benutzerkonto haben, deren IP-Adresse in der Versionsgeschichte angezeigt. Wikipedia rangiert bei fast jedem Suchbegriff ganz oben im Suchmaschinen-Ranking, weshalb die einzelnen Artikel hohe Besuchszahlen erreichen. Für Unternehmen bedeutet das, dass sie über Wikipedia-Links eine große Anzahl gezielten Traffic für ihre Website gewinnen können[28]. Da die Richtlinien von Wikipedia allerdings voraussetzen, dass der Gegenstand eines Artikels eine gewisse Relevanz hat, d.h. „in zuverlässigen, von diesem Gegenstand unabhängigen Quellen ausführlich behandelt sein muss"[29], kann nicht jedes Unternehmen einen eigenen Artikel platzieren.

3.2. Blogs

Blog ist die Kurzform für Weblog und bezeichnet der Wortbedeutung nach ein im Internet geführtes Tagebuch. Dementsprechend schreibt der Autor eines Blogs, der sogenannte Blogger, in regelmäßigen Abständen kurze Textbeiträge, in denen er auf Inhalte im Netz verweist oder persönliche Erfahrungen thematisiert. Oft sind in die Beiträge Bilder, Videos und Verlinkungen auf andere Blogs oder Websites eingebunden. Der aktuellste Eintrag steht in einem Blog immer ganz oben. Eine weitere Besonderheit besteht in der Kommentarfunktion, die es Lesern eines Eintrags ermöglicht, ihre Meinung zu diesem zu äußern, Fragen zu stellen und mit anderen Besuchern bzw. dem Autor zu diskutieren[30]. Bloggten anfangs zunächst Einzelpersonen, so haben Blogs in den letzten Jahren auch in die Geschäftswelt

---

[26] Vgl. Wikipedia, Die freie Enzyklopädie (2014b).

[27] Vgl. Wikipedia, Die freie Enzyklopädie (2014a).

[28] Vgl. Weinberg u.a. (2012), S. 279 f.

[29] Ebd., S. 275.

[30] Vgl. Ebersbach u.a. (2011), S. 61.

Einzug gehalten. In den sogenannten Corporate Blogs treten Unternehmen mit Konsumenten und anderen Stakeholdern in Kontakt und informieren sie über Produkte, Dienstleistungen und Neuigkeiten aus dem Unternehmen. Dies dient zum einen dazu, den Dialog zwischen den Stakeholdern anzustoßen und zum anderen selbst Informationen und Feedback zu erhalten[31]. Ein Blog kann entweder über eine Blogplattform betrieben oder mittels einer Blogsoftware auf dem eigenen Server installiert und in die Website eingebunden werden. Bekannte Blogplattformen sind WordPress (https://de.wordpress.com) und Blogger.com (http://www.blogger.com).

Von Blogs abzugrenzen sind Foren. Dort „steht nicht die Meinungsäußerung eines Einzelnen im Vordergrund, sondern der themenspezifische Informationsaustausch unter Interessierten"[32]. Foren waren bis zur Entwicklung sozialer Medien die einzige tatsächliche interaktive Form der Online-Kommunikation[33].

3.3. Microblogs

Microblogs sind, wie der Name schon sagt, kleine Blogs, was sich auf die Länge der Beiträge bezieht. Im Unterschied zum regulären Blog sind die Nachrichten in Microblogs meistens auf etwa 200 Zeichen (inklusive Leerzeichen) begrenzt[34]. Diese Kurznachrichten können von den sogenannten Followern gelesen, kommentiert und weitergeleitet werden. Inhaltlich liegt der Fokus meist auf tagesaktuellen Ereignissen.

Der wohl bekannteste Microblogging-Dienst ist Twitter (https://twitter.com/). Entstanden ist Twitter im Jahr 2006 aus einem firmeninternen Forschungsprojekt, in dem die Firma Odeo aus San Francisco SMS als Webdienst adaptieren wollte[35]. Seit 2007 ist Twitter eine eigenständige Firma und hat 284 Millionen monatlich aktive Nutzer, die zusammen täglich 500 Millionen Tweets (so werden die Nachrichten bei Twitter ge-

---

[31] Vgl. Bruhn (2011), S. 1088.
[32] Meffert u.a. (2012), S. 671.
[33] Vgl. Iltgen/Künzler (2008), S. 239.
[34] Vgl. Bruhn (2011), S. 1092.
[35] Vgl. Ebersbach u.a. (2011), S. 86 f.

nannt) versenden[36]. Um Twitter aktiv nutzen zu können, ist ein kostenloser Account nötig. Dieser beinhaltet eine eigene Profilseite, die mit einem Bild, Angaben zum Wohnort und dem Namen personalisiert werden kann. Nach erfolgter Anmeldung fragt Twitter als Aufforderung zum Absetzen eines Tweets *Was gibt's Neues?* Der Nutzer twittert dann seine öffentliche Nachricht, die von jedem gelesen werden kann. Dabei muss er sich auf maximal 140 Zeichen beschränken. Da bei der Verwendung von Links innerhalb eines Tweets dieses Limit schnell erreicht wäre oder sogar überschritten werden würde, werden alle geposteten Links durch Twitters eigenen URL Shortener t.co (http://t.co) automatisch auf 22 Zeichen verkürzt. Außerdem werden in Tweets Hashtags (#) verwendet, die vor Schlüsselbegriffe gesetzt werden und somit automatisch als Tag funktionieren, um thematisch zusammengehörende Tweets finden zu können. Andere Nutzer können Beiträge eines Autors abonnieren und werden damit zu Followern, die neue Tweets in ihrer Timeline sehen können. Um einen Nutzer direkt anzusprechen, wird das @-Symbol, gefolgt vom Nutzernamen, verwendet. Findet ein Twitterer einen Tweet interessant und gibt diesen an seine Follower weiter, handelt es sich um einen sogenannten Retweet, der mit RT@nutzername gekennzeichnet wird[37]. Unternehmen können Twitter nutzen, um ein breites Publikum anzusprechen und damit beispielsweise die Pressearbeit oder die Personalsuche zu unterstützen sowie die eigene Marke und Produkte bekannter zu machen. Manche Unternehmen nutzen Twitter auch als Medium für den Kundendienst und sammeln dabei wertvolles Feedback zu ihrem Service- und Produktangebot[38].

3.4. Social Networks

Social Networks sind Online-Plattformen auf denen sich Nutzer registrieren, um mit Personen, die sie aus dem realen Leben kennen, in Kontakt zu bleiben bzw. um sich mit Menschen mit ähnlichem Hintergrund und Interessen auszutauschen. Im Endeffekt werden damit reale Gemeinschaften und Netzwerke virtuell abgebildet[39]. Je nach Ausrichtung der Plattform un-

---

[36] Vgl. Twitter (2014).
[37] Vgl. Ebersbach u.a. (2011), S. 88 ff.
[38] Vgl. Weinberg u.a. (2012), S. 173 ff.
[39] Vgl. Meffert u.a. (2012), S. 678.

terscheidet man hier grundsätzlich zwischen zwei Gruppen: privat-freundschaftliche Netzwerke, bei denen es um den Kontakt zu Freunden, Bekannten und Verwandten geht sowie Businessnetzwerke, bei denen der Kontakt zu Kunden oder Geschäftspartnern im Vordergrund steht. Alle sozialen Netzwerke haben gemeinsam, dass sie eine Registrierung erfordern, und dem Nutzer anschließend ein Profil zur Verfügung stellen, welches er beispielsweise mit einem Profilbild, Angaben zu Alter, Geschlecht, Wohnort, Ausbildung, Interessen, Tätigkeiten, etc. personalisieren kann, um sich selbst darzustellen[40]. Zum Aufbau des eigenen Netzwerks werden Freundschafts- oder Kontaktanfragen verschickt und mittels Statusmeldungen, die neben Texten vor allem Videos, Bilder und Links zu anderen Websites enthalten, über aktuelle Tätigkeiten, Freizeitaktivitäten oder weitere interessante Themen auf dem Laufenden gehalten. Die Kontakte können diese Meldungen liken, kommentieren und wiederum mit ihren Kontakten teilen. Wie Abbildung 3 zeigt, ist Facebook (https://de-de.facebook.com) in Deutschland die klare Nummer eins unter den sozialen Netzwerken. Mit großem Abstand folgt das Businessnetzwerk XING (https://www.xing.com/de), das bisher in Deutschland noch vor dem internationalen Konkurrenten LinkedIn (https://www.linkedin.com/) rangiert[41].

Nachfolgend soll beispielhaft zunächst kurz auf Facebook und anschließend auf XING näher eingegangen werden.

3.4.1. Facebook

Facebook wurde im Februar 2004 gegründet und war bis 2006 Studenten und Hochschulangehörigen in den USA vorbehalten[42]. Seit 2008 ist es das beliebteste Social Network der Welt[43] mit insgesamt 1,32 Milliarden monatlich aktiven Nutzern (Stand 30. Juni 2014)[44]. Das dürfte unter anderem an den zahlreichen Features und der kontinuierlichen Weiterentwicklung von

---

[40] Vgl. Ebersbach u.a. (2011), S. 96.

[41] In Abbildung 3 werden auch Twitter und Tumblr als soziale Netzwerke aufge-führt. Gemäß der diesem Buch zugrunde liegenden Einteilung handelt es sich dabei aber um (Micro-) Blogs, weshalb sie an dieser Stelle nicht weiter beachtet werden.

[42] Vgl. Weinberg u.a. (2012), S. 218.

[43] Vgl. Ebersbach u.a. (2011), S. 100.

[44] Vgl. Facebook (2014).

Facebook liegen. Nutzer können sich nach dem Erstellen eines kostenlosen Profils mittels Freundschaftsanfragen mit anderen Usern vernetzen und erhalten im sogenannten Newsfeed fortan deren Statusmeldungen. Um die Informationsflut zu minimieren, verwendet Facebook einen komplexer Algorithmus, den sogenannten Edgerank, der die Relevanz von Beiträgen bewertet und dem User lediglich die wichtigsten Meldungen aus seinem Netzwerk in den Neuigkeiten präsentiert[45].

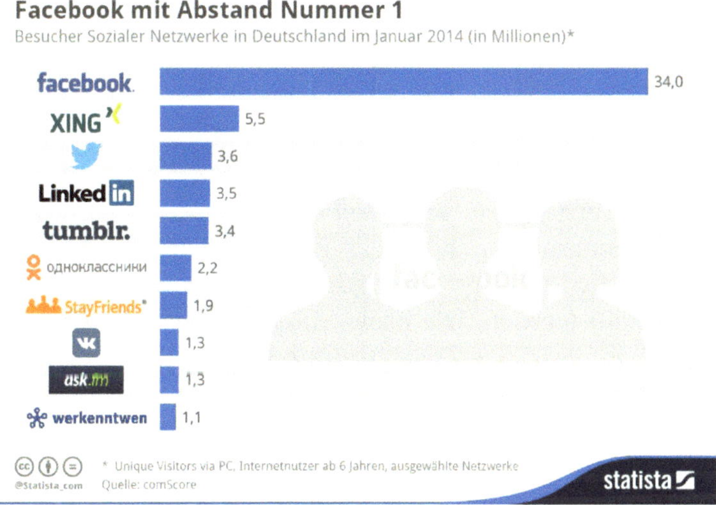

Abbildung 3: Besucher Sozialer Netzwerke in Deutschland im Januar 2014[46]

Weitere Funktionen von Facebook sind das Hochladen und Markieren von Bildern, das Erstellen von Veranstaltungen und Gruppen zu bestimmten Themengebieten, die Nutzung diverser Anwendungen von Fremdherstellern, wie beispielsweise das Spiel Farmville sowie die Anstups-Funktion, um nur ein paar zu nennen. Zudem bietet Facebook auch Firmen die Möglichkeit, über Unternehmensseiten mit ihren Zielgruppen in Kontakt zu treten. „47 Prozent der Mitglieder eines Netzwerks sind auch Fan einer Markenseite"[47]. Das zeigt das enorme Potenzial, das hinter Facebook als Werbe-

---

[45] Vgl. Weinberg u.a. (2012), S. 236.
[46] Brandt (2014).
[47] Weinberg u.a. (2012), S. 220.

medium steckt. Unternehmen dürfen allerdings nicht unterschätzen, dass sich User in Facebook hauptsächlich privat aufhalten, um mit ihren Freunden und Bekannten in Kontakt zu bleiben. Plumpe Kaufaufforderungen sind daher dort fehl am Platz.

3.4.2. XING

XING ist, wie bereits erwähnt, vor allem auf die geschäftliche Vernetzung ausgerichtet. Das Netzwerk wurde 2003 zunächst unter dem Namen OpenBC gegründet und später in XING umbenannt. Bisher ist XING hauptsächlich in der D-A-CH Region wirklich bekannt, hat sich dort aber als erfolgreichster Anbieter etabliert, um sich mit Kollegen und Geschäftspartnern zu vernetzen und in Gruppen diverse Themen zu diskutieren[48]. Wer gerade auf der Suche nach einem Job ist, hat zudem gute Chancen, dort von Recruitern entdeckt zu werden bzw. kann selbst aktiv nach Jobangeboten oder interessanten Unternehmen suchen. Das Profil gleicht daher eher einem Lebenslauf, in dem die bisherige berufliche Laufbahn und erworbene Qualifikationen dargestellt werden. Die Basis-Mitgliedschaft bei XING ist für Nutzer kostenlos. Wer allerdings Zusatzfunktionen, wie beispielsweise umfangreichere Such- und Recherchemöglichkeiten, nutzen möchte, muss eine kostenpflichtige Premium-Mitgliedschaft abschließen[49]. Neben den Einzelprofilen bietet XING seit 2009 auch Firmenaccounts an[50]. Das Gratisprofil beinhaltet dabei die Darstellung mit dem eigenen Logo auf der „Über uns"-Seite, sowie die Möglichkeit zur Veröffentlichung von Unternehmens-Neuigkeiten. Außerdem werden alle Mitarbeiter angezeigt, die bei XING registriert sind und aktuelle XING-Stellenangebote mit dem Profil verlinkt. Weitere Funktionen werden im kostenpflichtigen Employer Branding-Profil angeboten, welches auch ein Profil im Arbeitgeberbewertungsportal kununu (http://www.kununu.com) beinhaltet[51]. Die Nutzung von XING für Unternehmen bietet sich vor allem für das Recruiting an, aber auch zur Kundenbindung, indem Abonnenten der Unternehmensseite über Neuigkeiten, wie Seminare, Messen oder Produkte auf dem Laufenden gehalten werden.

---

[48] Vgl. Ebersbach u.a. (2011), S. 100.
[49] Vgl. XING (2014b).
[50] Vgl. Weinberg u.a. (2012), S. 257.
[51] Vgl. XING (2014a).

3.5. Content Sharing Plattformen

Content Sharing Plattformen machen neben Social Networks einen großen Teil des Social Web aus. Wie der Name schon sagt, handelt es sich dabei um Dienste, bei denen das Teilen von Inhalten im Vordergrund steht[52]. Registrierte User können nicht nur eigene Inhalte hochladen, sondern auch die Inhalte anderer Nutzer kommentieren und bewerten. Publiziert werden kann dabei im Prinzip alles, was digitalisiert vorliegt. Am häufigsten sind das Links, Fotos und Videos[53]. Dementsprechend gibt es, je nach Inhalt, unterschiedliche Plattformen. Zu den Bekanntesten gehören das Fotoportal Flickr (https://www.flickr.com) und die Videoplattform YouTube (https://www.youtube.com). Auf beide soll nachfolgend kurz näher eingegangen werden.

3.5.1. Flickr

Flickr ist ein Tochterunternehmen von Yahoo. Seit dem Start 2004 wurden etwa vier Milliarden Daten hochgeladen, was Flickr zu einer der beliebtesten Fotoplattformen der Welt macht. Wegen der hohen Qualität, gehen viele User direkt auf Flickr, um nach Bildern zu suchen[54]. Wie bei anderen Plattformen, kann man auch bei Flickr nach der Registrierung ein eigenes Profil inklusive Bild und einer kurzen Beschreibung erstellen. Beim kostenlosen Benutzerkonto können anschließend monatlich 300 MB Fotodaten hochgeladen werden. Weitere nützliche Funktionen, wie etwa Abrufstatistiken der veröffentlichten Bilder und unbegrenzter Speicherplatz, sind nur über einen kostenpflichtigen Pro-Account zugänglich[55]. Hochgeladene Bilder können mit Titeln und Beschreibungen versehen und in Alben organisiert werden. Es empfiehlt sich außerdem Tags zu verwenden, um die Bilder für andere User leichter auffindbar zu machen. Ein wichtiges Feature von Flickr sind außerdem die Flickr-Gruppen. Das sind Alben, zu denen alle Mitglieder der Community etwas beisteuern und Meinungen über das je-

---

[52] Vgl. Beilharz (2014), S. 260.
[53] Vgl. Ebersbach u.a. (2011), S. 119.
[54] Vgl. Grabs/Bannour (2012), S. 293.
[55] Vgl. Weinberg u.a. (2012), S. 366 f.

weilige Thema austauschen können[56]. Für Unternehmen und Organisationen lohnt sich ein Engagement bei Flickr, um gute Bilder ihrer Produkte und Dienstleistungen zu veröffentlichen. Dabei gilt es allerdings zu beachten, dass offenes Marketing gegen die Community-Richtlinien von Flickr verstößt. Kommerzielle Aktivitäten, wie z.B. die Verwendung des eigenen Accounts allein als Produktkatalog oder das Einstellen von Links zu kommerziellen Sites im Fotostream, führen zur Verwarnung oder Löschung des Accounts durch Flickr[57]. Es empfiehlt sich daher für Unternehmen, Inhalte für den Flickr-Account zu wählen, die vom üblichen Werbematerial abweichen. Das könnten bei einer Weinhandlung beispielsweise Bilder einer Weinprobe, anstatt Bilder der einzelnen zum Verkauf stehenden Weinsorten sein[58].

3.5.2. YouTube

YouTube ist die bekannteste und meist genutzte Videoplattform im Social Web. Das Portal wurde 2005 gegründet und ein Jahr später von Google übernommen[59]. Es ermöglicht „Millionen von Nutzern, Originalvideos zu entdecken, anzusehen und zu teilen. YouTube bietet ein Forum, in dem Menschen miteinander in Kontakt treten, sich informieren und andere Nutzer auf der ganzen Welt inspirieren können. Ersteller von Originalinhalten sowie große und kleine Werbetreibende können über diese Plattform ihre Videos weitergeben"[60]. Die sogenannten YouTube-Kanäle sind sowohl für Privatpersonen als auch für Unternehmen kostenlos. Da YouTube zu Google gehört, erfolgt die Anmeldung mit Hilfe der Google-Zugangsdaten. Der Kanal kann mit Logo, Hintergrundbild und einer kurzen Beschreibung personalisiert sowie mit diversen anderen Social Media Plattformen verknüpft werden. Beim Upload eines Videos können Titel, Beschreibung und Tags vergeben und weitere kleinere Einstellungen, wie Sprache und Aufnahmeort, vorgenommen werden. Zur besseren Übersichtlichkeit gibt es bei YouTube die Möglichkeit auf dem Kanal Playlists anzulegen, in denen mehrere

---

[56] Vgl. Weinberg u.a. (2012), S. 369 f.
[57] Vgl. Yahoo (2014).
[58] Vgl. Weinberg u.a. (2012), S. 374.
[59] Vgl. Grabs/Bannour (2012), S. 279.
[60] YouTube (2014).

Videos zusammen dargestellt werden. Hochgeladene Videos werden von der Community bewertet und kommentiert. Außerdem gibt es umfangreiche Statistiken, um beispielsweise auswerten zu können, aus welchen Ländern ein Video Klicks erhalten hat, wie oft es angeklickt wurde und wie hoch die Abbruchrate beim Ansehen des Videos war. Zahlreiche sogenannte virale Videos zeigen, dass Bewegtbilder derzeit einen großen Boom erleben. Insofern lohnt es sich auch für Unternehmen, YouTube in ihre Marketingkommunikation zu integrieren. Neben kreativen Produktdarstellungen erfreuen sich dabei auch Anwendungsbeispiele, sogenannte Tutorials, zunehmender Beliebtheit.

4. Empirische Untersuchung

Wie zu Beginn des Buches schon erwähnt, sind Facebook, Twitter und Co. aus dem Alltag der Internetnutzer nicht mehr wegzudenken. Aber ist das allein schon Grund genug für Unternehmen, ebenfalls in den sozialen Medien aktiv zu werden? Gerade weil diese Frage in manchen Bereichen so kontrovers diskutiert wird, ist es auch ein interessantes Thema für die Forschung. Studien, die sich mit der Nutzung von Social Media in deutschen Unternehmen befassen, liefern wichtige Argumentations- und Entscheidungsgrundlagen, auch für bayerische Unternehmen. Wie aber haben sich die Geschäftsführer und Marketingverantwortlichen im Freistaat entschieden? Wie sieht es mit dem Einsatz von Social Media in bayerischen Unternehmen aus? Antworten darauf soll der empirische Teil dieses Buches liefern. Konkret stellen sich folgende Forschungsfragen:

- Welchen Stellenwert messen bayerische Unternehmen Social Media derzeit und in Zukunft bei?

- Setzen bayerische Unternehmen Social Media bereits in ihrer Marketingkommunikation ein und wenn ja, wie und mit welchem Ziel?

- Welche Unterschiede gibt es beim Einsatz von Social Media in der Marketingkommunikation von B2C, B2B und B2G Unternehmen?

4.1. Datenerhebungsmethode

Zur Beantwortung der vorab formulierten Forschungsfragen wurden in einer empirischen Untersuchung Primärdaten erhoben, um deskriptive Aussagen über die Bedeutung und Nutzung von Social Media in der Marketingkommunikation bayerischer Unternehmen zu erhalten. Für die Erhebung der Daten wurde eine quantitative Untersuchung mittels einer adressierten Online-Befragung durchgeführt. Hierfür wurde das Umfrage-Tool Q-Set (http://www.q-set.de) verwendet. Sowohl die Erstellung des Fragebogens als auch die Aussendung der E-Mails und der Export der Daten in die Statistiksoftware erfolgten über dieses Tool.

Im Unterschied zur anonymen Online-Befragung, bei der ein Fragebogen ungeschützt ins Internet gestellt wird und jeder, der darauf stößt, auf den

Fragebogen zugreifen und ihn beantworten kann[61], wird bei der adressierten Online-Befragung ein Link zur Umfrage generiert, auf den dann nur diejenigen Personen Zugriff haben, denen dieser per E-Mail zugesandt wird. Die Wahl fiel auf diese Art der Datenerhebung, da sich die Durchführung zum einen wesentlich kostengünstiger und zeitsparender gestaltet als bei traditionellen schriftlichen Befragungen und zum anderen Nachfassaktionen mittels einer Erinnerungsmail ohne große Probleme möglich sind. Ein weiterer Vorteil von adressierten Online-Befragungen liegt außerdem in der automatischen Auswertung[62]. Da die Antworten der befragten Personen bereits digital vorliegen, können die Daten mit einem simplen Mausklick in das Statistikprogramm importiert werden und müssen nicht erst wie bei traditionellen schriftlichen Befragungen händisch eingegeben werden.

Eine der Herausforderungen bei dieser Art der Datenerhebung besteht allerdings in der Beschaffung der E-Mail-Adressen, um den Fragebogen gezielt versenden zu können. Für die vorliegende Veröffentlichung wurde dafür die AMADEUS-Datenbank des Bureau van Dijk Electronic Publishing genutzt. Diese beinhaltet umfassende Informationen zu europäischen Unternehmen und ermöglicht neben verschiedensten Auswertungen und Analysen auch die Suche/Selektion nach bestimmten Charakteristika[63], wodurch die Grundgesamtheit für den empirischen Teil dieses Buches gezielt bestimmt werden konnte. Im nächsten Abschnitt soll das Vorgehen hierzu sowie der Umfang und die Auswahl der Stichprobe näher beschrieben werden.

4.2. Grundgesamtheit und Stichprobe

Als Grundgesamtheit für die vorliegende Untersuchung wurden alle aktiven Unternehmen mit deutscher Rechtsform definiert, deren Hauptsitz in einem bayerischen Regierungsbezirk liegt, die eine Webadresse besitzen und mindestens einen Mitarbeiter beschäftigen. Die AMADEUS-Datenbank enthielt zum 02.02.2014 7.220 Unternehmen, die diese Bedingungen erfüllten[64].

---

[61] Vgl. Koch (2009), S. 60.

[62] Vgl. ebd., S. 59.

[63] Vgl. Bureau van Dijk Electronic Publishing GmbH (2014a).

[64] Siehe Anlage 1 im Anhang.

Eine Vollerhebung kam aus forschungsökonomischen Gründen nicht in Frage, stattdessen wurde eine Teilerhebung durchgeführt. Dies machte das Ziehen einer Stichprobe erforderlich. Darunter versteht man „eine endliche Teilmenge der Grundgesamtheit, von der man auf die Grundgesamtheit zurück schließen möchte"[65]. Dieser Rückschluss ist allerdings nur zulässig, wenn die Stichprobe für die Gesamtmasse repräsentativ ist, d.h. „in ihrer Struktur der Grundgesamtheit so weit wie möglich entspricht"[66]. Entscheidend für die Repräsentativität einer Stichprobe sind deren Umfang sowie das Verfahren zur Auswahl der Elemente der Grundgesamtheit, die in die Stichprobe gelangen. Ebenfalls wesentlich ist die Ausschöpfung[67], die in Punkt 4.6.1. näher betrachtet wird.

4.2.1. Stichprobenumfang

Zunächst soll auf die Ermittlung des Stichprobenumfangs eingegangen werden. Ziel ist es dabei, herauszufinden, wie groß die Stichprobe sein muss, wenn bei einer vorgegebenen Vertrauenswahrscheinlichkeit eine bestimmte Fehlertoleranz eingehalten werden soll[68]. Da es sich im vorliegenden Fall um eine endliche Grundgesamtheit handelte, d.h. die Anzahl der Einzelelemente bekannt war, wurde für die Ermittlung des minimal erforderlichen Stichprobenumfangs folgende Formel herangezogen:

$$n \geq \frac{N}{1 + \dfrac{(N - 1) \cdot e^2}{z^2 \cdot p \cdot q}}$$

Dabei steht n für den Umfang der Stichprobe, N bezeichnet die Anzahl der Elemente in der Grundgesamtheit, e ist die Fehlertoleranz, z der aus der zentralen Wahrscheinlichkeit der Standardnormalverteilung berechnete Wert der gewählten Vertrauenswahrscheinlichkeit, p der Prozentsatz in der Stichprobe, der eine bestimmte Eigenschaft aufweist und q der Prozentsatz in der Stichprobe, der die Eigenschaft nicht aufweist (= 100 - p) [69][70]. Wie man

---

[65] Grunwald/Hempelmann (2012), S. 10.

[66] Koch (2009), S. 21.

[67] Vgl. Grunwald/Hempelmann (2012), S. 37.

[68] Vgl. Koch (2009), S. 37.

[69] Vgl. Mossig (2012), S. 21.

anhand der Formel erkennen kann, hängt der Stichprobenumfang stark vom Produkt p · q ab und erhöht sich mit wachsendem Produktwert. Da der tatsächliche Prozentwert von p erst in der Befragung ermittelt wird, setzt man üblicherweise 50 Prozent an. Das Produkt p · q nimmt damit nämlich den größtmöglichen Wert an und der Stichprobenumfang ist somit selbst für den ungünstigsten Fall hinreichend groß[71].

Für die vorliegende Untersuchung wurde definiert, dass die Fehlertoleranz (e) nicht größer als ± 5 Prozent und die Vertrauenswahrscheinlichkeit bei 95 Prozent liegen soll. Aus Letzterem ergibt sich D(z) = 0,95 und damit ein z-Wert von 1,96[72]. Setzt man alle Werte in die Formel ein, erhält man:

$$n \geq \frac{7.220}{1 + \frac{(7.220 - 1) \cdot 5^2}{1,96^2 \cdot 50 \cdot 50}} = 364,8$$

Die kleinste empfohlene Stichprobengröße für die Untersuchung liegt also bei 365. Aufgrund der zu erwartenden Ausfallquote müssen allerdings deutlich mehr Unternehmen angeschrieben werden, um die theoretische Stichprobengröße tatsächlich zu erreichen. Zur Bestimmung des notwendigen Auswahlstichprobenumfangs wurde daher auch die voraussichtliche Rücklaufquote berücksichtigt. Darunter versteht man „das Verhältnis zwischen eingeladenen und tatsächlich teilgenommenen Versuchsteilnehmern"[73]. Laut einer von Cook, Heath und Thompson im Jahr 2000 durchgeführten Metaanalyse liegt die durchschnittliche Rücklaufquote von Online-Befragungen bei 39,6 Prozent bei einer Standardabweichung von 19,6 Prozent[74]. Im ungünstigsten Fall würde die Rücklaufquote also lediglich bei 20 Prozent liegen. Basierend auf dieser Annahme ergab sich somit für die Untersuchung ein Auswahlstichprobenumfang von 1.825.

---

[70] Vgl. Koch (2009), S. 36.
[71] Vgl. Mossig (2012), S. 19.
[72] Vgl. ebd., S. 27.
[73] Hollaus (2007), S. 54.
[74] Vgl. Cook u.a. (2000).

4.2.2. Stichprobenauswahl

Bei der Auswahl der Stichprobe ist es wichtig, durch spezielle Verfahren die Repräsentativität sicherzustellen, damit sich die Ergebnisse, wie schon erwähnt, später auf die Gesamtmasse übertragen lassen. Im vorliegenden Fall wurde ein Zufallsauswahlverfahren angewandt. Dieses „geht von der Vorstellung aus, dass grundsätzlich jedes Element der Grundgesamtheit dieselbe (bzw. eine berechenbare) Chance hat, in die Stichprobe aufgenommen zu werden"[75]. Mit Hilfe von Excel wurde hierfür ein Simple Random Sampling in Form einer Lotterieauswahl durchgeführt, indem, wie beispielhaft in Abbildung 4 zu sehen ist, zunächst den E-Mail-Adressen aller Unternehmen in Spalte B eine zufällige Zahl in Spalte A zugeordnet wurde. Anschließend wurden in Spalte D aufsteigend fixe Werte von 1 bis 1.825 eingetragen und mittels der entsprechenden Formel in Spalte E ein Ziehen ohne Zurücklegen simuliert.

	A	B	C	D	E
1	Zufallszahl	Email-Adresse		Auswahl	Email-Adresse
2	0,36308179	info@bmw.de		1	service@hirmer-grosse-groessen.de
3	0,085541112	info@linde.de		2	info@kahl-bestattungen.de
4	0,629604012	investor.relations@adidas.de		3	bft@horizontalbohren.de
5	0,650819042	info@dehn.de		4	sales@kris-reisen.de
6	0,363774828	investorrelations@baywa.de		5	feedback@streitcargo.de
7	0,736340094	corporate.communications@bshg.com		6	info@marlos.de
8	0,101507012	info@mantruckandbus.com		7	webmaster@naehmaschinen-gerber.de
9	0,668654869	info.germany@omv.com		8	info@optik-zach.de
10	0,919700453	info@wacker.com		9	pralinen@simon-passau.de

Zelle	Formel
A2	=ZUFALLSZAHL()
E2	=INDEX(B:B;VERGLEICH(KKLEINSTE($A:$A;$D2);$A:$A;0))

Abbildung 4: Lotterieauswahl in Excel[76]

Die 1.825 zufällig gezogenen E-Mail-Adressen in Spalte E bildeten damit die Adressaten für die Zusendung des Fragebogens.

---

[75] Koch (2009), S. 23.
[76] Eigene Darstellung.

4.3. Gestaltung des Erhebungsinstruments

Wie in 4.1. bereits ausgeführt, wurde für die Erhebung der Daten eine adressierte Online-Befragung durchgeführt. Hierfür wurde in Q-Set ein elektronischer Fragebogen erstellt[77], auf dessen Inhalt und Gestaltung nachfolgend näher eingegangen werden soll.

4.3.1. Struktur und Inhalt des Fragebogens

Eine Befragung sollte mit einer einleitenden Bemerkung über das durchführende Institut, den Auftraggeber, das Thema, die Dauer der Befragung sowie die Sicherstellung der Anonymität der Probanden beginnen[78]. So auch im vorliegenden Fall. Die erste Seite des Fragebogens besteht aus einem Anschreiben an die Umfrageteilnehmer, das den Hintergrund der Befragung vorstellt, die Dauer für die Beantwortung angibt sowie Informationen zur Wahrung der Anonymität und des Datenschutzes enthält. Außerdem wird darauf hingewiesen, dass bei Interesse an den Ergebnissen der Befragung im Anschluss an die Beantwortung die Möglichkeit besteht, eine E-Mail-Adresse anzugeben, an die nach der Auswertung der Studie eine kurze Zusammenfassung der Ergebnisse geschickt wird. Dies soll als Belohnung für die Probanden dienen und dazu motivieren, den Fragebogen komplett zu bearbeiten. Nach dem Anschreiben beginnt der eigentliche Fragebogen.

Grundsätzlich können vier Gruppen von Fragen unterschieden werden, die gleichzeitig den Aufbau des Fragebogens prägen: Einleitungs-, Kontakt- und Eisbrecherfragen, Sachfragen, Kontroll- und Plausibilitätsfragen sowie Fragen zur Person[79]. Daran angelehnt, sind die 33 Fragen[80] des elektronischen Fragebogens der empirischen Untersuchung in drei Blöcke gegliedert:

- Block 1: Fragen zur Erhebung allgemeiner Daten des Unternehmens (Fragen 1 – 5)

---

[77] Siehe Anlage 2 im Anhang.

[78] Vgl. Oberzaucher (2012), S. 46.

[79] Vgl. Meffert u.a. (2012), S. 161 f.

[80] Anm.: Im Fragebogen in Anlage 2 im Anhang sind die Fragen durchnummeriert. Dies dient zur einfacheren Bezugnahme im Text. Bei der Untersuchung selbst hatten die Fragen keine Nummern, da dies die Umfrageteilnehmer wegen der zahlreichen Filterfragen und entsprechender Sprünge nur verwirrt hätte.

- Block 2: Fragen zur Erhebung des Untersuchungsinhaltes (Fragen 6 – 29)

- Block 3: Fragen zur Erhebung demografischer Daten der befragten Person (Fragen 30 – 33)

Die Fragen in Block 1 erfüllen mehrere Zwecke. Zum einen kann über Angaben zum Hauptsitz (Frage 3) und der Mitarbeiterzahl (Frage 4) im Nachhinein überprüft werden, ob die Stichprobe tatsächlich repräsentativ ist für die Grundgesamtheit. Zum anderen ist somit eine klare Zuordnung bei der Auswertung der Fragen in Block 2 möglich. Wie bei den Forschungsfragen am Anfang des Kapitels gefordert, soll vor allem eine Unterteilung in B2C, B2B und B2G möglich sein (Frage 1). Aber auch die Abhängigkeiten von der Branche[81] (Frage 2) sowie von Umsatzzahlen (Frage 5) können interessante Erkenntnisse liefern. Bei der Frage nach dem Hauptsitz des Unternehmens (Frage 3) handelt es sich außerdem um eine Filterfrage, um Personen, die als Antwort *außerhalb Bayerns* wählen, direkt zur letzten Seite der Befragung, der sogenannten Danke-Seite, weiterzuleiten, da für die Untersuchung nur Unternehmen mit Hauptsitz in Bayern relevant sind. Aufgrund der Wichtigkeit dieser Angaben, handelt es sich bei allen Fragen in Block 1 um Pflichtfragen, die von den Teilnehmern beantwortet werden müssen, um zur nächsten Seite des Fragebogens zu gelangen.

Block 2 enthält ebenfalls Pflichtfragen, nämlich die Fragen 9, 18, 22 und 24. Dies hat den Hintergrund, dass es sich bei diesen Fragen abermals um Filterfragen handelt und eine Antwort daher zwingend erforderlich ist, um die befragten Personen je nach Relevanz aus dem Fragebogen aus- oder wieder einzuklinken[82]. Frage 9 kommt dabei eine zentrale Rolle zu. Im Anschluss an Fragen zur persönlichen Social Media Nutzung (Fragen 6, 7) und zur Einschätzung der Bedeutung von Social Media für das Unternehmen (Frage 8) wird dort nämlich nach der derzeitigen Durchführung von Social Media Aktivitäten im Unternehmen gefragt. Der Fragebogen ist so programmiert, dass Personen, die antworten, dass kein Social Media betrieben wird, automatisch zu Frage 10 weitergeleitet werden, in der nach den Grün-

---

[81] Die vorgegebenen Branchen sind angelehnt an die Gesamtübersicht der Branchen der Industrie- und Handelskammern in Bayern (2014).
[82] Vgl. Koch (2009), S. 63.

den für die Nichtnutzung gefragt wird, während alle anderen Befragten diese Frage automatisch überspringen, da sie für sie nicht relevant ist, und als nächstes Frage 11 beantworten. Je nach dem, ob ein Unternehmen also in Social Media aktiv ist oder nicht, d.h. Frage 9 mit Ja oder Nein beantwortet wird, ergibt sich somit der in Abbildung 5 dargestellte Durchlauf der Fragen in Block 2. Inhaltlich decken die Fragen in Block 2, neben den bereits genannten Aspekten der Bedeutung und des Einsatzes von Social Media, die Themen Zielgruppe der Social Media Aktivitäten (Frage 11), Wichtigkeit und Einsatz der verschiedenen Kanäle (Fragen 12, 15, 16), Faktoren für den Erfolg von Social Media in der Marketingkommunikation (Frage 14), operative Umsetzung (Fragen 17, 18, 19, 20, 21, 27), Social Media Strategie (Fragen 22, 23), Social Media Monitoring (Fragen 24, 25, 26), Budget (Frage 28) und Erfolg (Frage 29) ab.

Block 3 enthält schließlich noch Fragen zur Erhebung demografischer Daten der Umfrageteilnehmer. Es handelt sich dabei um optionale Angaben zum Geschlecht (Frage 30), Geburtsjahr (Frage 31), höchsten erreichten Bildungsabschluss (Frage 32) und der beruflichen Stellung im Unternehmen (Frage 33). Diese sogenannten Strukturdaten stehen deshalb am Ende des Fragebogens, da der Proband während der Befragung ein gewisses Vertrauen aufbaut und damit eher bereit ist, Angaben zu persönlichen Daten zu machen[83]. Nach Block 3 gelangen die Befragten zur Danke-Seite und können anschließend noch eine E-Mail-Adresse für die Zusendung der Ergebnisse hinterlassen.

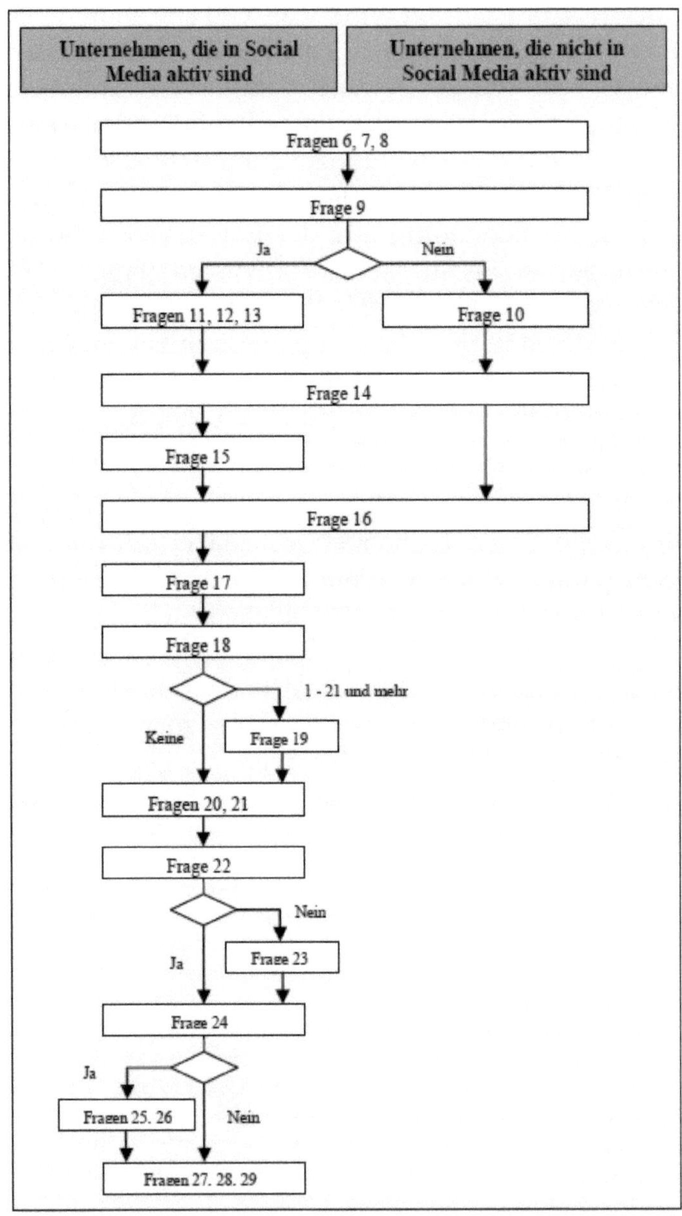

Abbildung 5: Durchlauf der Fragen in Block 2[84]

[84] Eigene Darstellung.

4.3.2. Formulierung der Fragen und Antwortkategorien, Skalierung

Der Inhalt des Fragebogens wird durch die einzelnen Fragen bestimmt, die einfach, eindeutig und neutral formuliert sein sollten, um objektive Ergebnisse zu erzielen[85]. Bei der Art der Fragenformulierung kann unter anderem zwischen offenen und geschlossenen Fragen unterschieden werden, wobei letztere je nach Antwortkategorie nochmals in Alternativ-, Selektiv-, Skala- und Rangfolge-Fragen unterteilt werden[86]. Der erstellte Online-Fragebogen beinhaltet überwiegend geschlossene und halboffene Fragen und weist damit einen relativ hohen Standardisierungsgrad auf[87]. Lediglich bei der Frage nach dem Geburtsjahr sowie Frage 19 handelt es sich um offene Fragen, d.h. es sind keine Antwortkategorien vorgegeben, sondern „die befragte Person antwortet in ihren eigenen Worten"[88], was sich bei den beiden Fragen auf die Angabe von Zahlen beschränkt. Um Auslassungen vorzubeugen, haben die Probanden bei Frage 12 und 23 die Möglichkeit, auf ein neutrales *weiß nicht* auszuweichen. Neben inhaltlich spezifizierten Antwortvorgaben weisen die Fragen 2, 11, 17, 25, 32 und 33 zudem eine Sammelkategorie *Sonstige/s, und zwar* auf. Bei der Formulierung der Antwortkategorien ist es außerdem wichtig, auf adäquate Skalenniveaus für die spätere Auswertung zu achten[89]. So wurden neben Nominal- und Ordinalskalen auch verschiedene Rating-Skalen eingebaut, „mit denen die befragten Personen in Form der Selbsteinstufung ihre Einstellung zu einem Meinungsgegenstand angeben können"[90]. Rating-Skalen werden wie Intervallskalen verwendet[91] und bieten somit die größtmögliche Anwendbarkeit von Analysemethoden bei der Dateninterpretation. Die detaillierte Fragenformulierung und der Einsatz der Fragetypen kann dem Fragebogen in Anlage 2 im Anhang entnommen werden.

---

[85] Vgl. Koch (2009), S. 66.
[86] Vgl. ebd., S. 62.
[87] Vgl. Oberzaucher (2012), S. 52 f.
[88] Ebd., S. 53.
[89] Vgl. Grunwald/Hempelmann (2012), S. 68.
[90] Koch (2009), S. 63.
[91] Vgl. Grunwald/Hempelmann (2012), S. 68.

4.3.3. Pretest

Um mögliche Verständnisschwierigkeiten oder Unklarheiten bei den Fragen und den vorgegebenen Antwortkategorien aufzudecken sowie zur Abschätzung der benötigten Beantwortungszeit, wurde der Fragebogen im Vorfeld der eigentlichen empirischen Untersuchung einem Pretest unterzogen. Dabei handelt es sich um einen „Test des Fragebogens […] als Probebefragung an einer kleinen Stichprobe"[92]. Im vorliegenden Fall wurde der Fragebogen einigen persönlich bekannten Marketingverantwortlichen zugeschickt, die nicht der Untersuchungszielgruppe entstammten, da der Hauptsitz ihrer Unternehmen außerhalb Bayerns liegt. Auf Basis des Feedbacks wurden nochmals kleine Änderungen am Fragebogen vorgenommen und eine Bearbeitungszeit von acht bis zehn Minuten ermittelt. Anschließend wurde die Datenerhebung durchgeführt.

4.4. Durchführung der Datenerhebung

Wie in 4.1. genannt, erfolgte neben der Erstellung des Fragebogens auch die Aussendung der E-Mails über das Umfrage-Tool Q-Set. Hierfür wurden die E-Mail-Adressen der 1.825 zufällig ausgewählten Unternehmen in Q-Set importiert und eine Begleitmail[93] verfasst. Da häufig nur die allgemeinen info@-Adressen vorlagen, wurde zur Weiterleitung an die richtige Stelle im Unternehmen am Anfang der E-Mail der Vermerk *An die Marketingverantwortlichen in Ihrem Unternehmen* eingefügt. Um außerdem eine möglichst hohe Rücklaufquote zu erzielen, wurde im Anschreiben vorgestellt, welchen Hintergrund die Untersuchung hat, wer sie durchführt, wie viel Zeit die Beantwortung des Fragebogens in etwa in Anspruch nimmt und bis wann eine Teilnahme möglich ist. Da für Unternehmen die Wahrung der Anonymität und des Datenschutzes von zentraler Bedeutung sind, wurde auch auf diesen Punkt ausführlich eingegangen. Die Begleitmail wurde außerdem mit dem Logo der Hochschule für angewandtes Management sowie einem Bild der Verfasserin dieser Arbeit ergänzt, um die Seriosität der E-Mail und die Bedeutung der Teilnahme an der Untersuchung zu unterstreichen. Den Link zum Fragebogen markiert der HTML-Code {L}. Beim Versand der E-Mails

---

[92] Grunwald/Hempelmann (2012), S. 66.
[93] Siehe Anlage 3 im Anhang.

generiert das Umfrage-Tool für jeden Empfänger einen einzigartigen Link, der den HTML-Code ersetzt. Das hat den Vorteil, dass später Teilnehmer, die die Umfrage vollständig beantwortet haben, automatisch aus dem Verteiler genommen und somit beim Versand der Erinnerungsmail nicht mehr unnötig angeschrieben werden. Die Datenerhebung startete am 11.02.2014 um 14 Uhr mit dem Versand der E-Mails mit Absender Cornelia.Muench@edu.fham.de an die 1.825 ausgewählten Adressen. Die Wahl fiel auf einen Dienstagnachmittag, um einerseits zu verhindern, dass die E-Mails in der montäglichen E-Mail-Flut vom Wochenende untergehen und andererseits, um die meistens etwas ruhigeren Stunden nach der Mittagspause auszunutzen, in der die Empfänger möglicherweise eher bereit sind, sich die Zeit zur Beantwortung des Fragebogens zu nehmen.

Von den 1.825 ausgesandten E-Mails waren 159 nicht zustellbar. Diese Adressen wurden einzeln per Recherche im Internet überprüft. Zum Teil waren Buchstabendreher die Ursache für die Unzustellbarkeit. Außerdem stellte sich heraus, dass der Versand an info@-Adressen von Vorteil ist, da ihre Aktualität im Gegensatz zu personenbezogenen Adressen auch dann noch gegeben ist, wenn die Person aus dem Unternehmen austritt. Nicht zustellbare E-Mails an personenbezogene Adressen wurden daher durch die info@-Adresse des jeweiligen Unternehmens ersetzt und die E-Mail zur Teilnahme an der Untersuchung am 19.02.2014 um 14 Uhr an die neuen Adressen geschickt. Letztendlich blieben dennoch 61 E-Mails nicht zustellbar, wodurch sich eine Nettostichprobe von 1.764 ergibt. Die Untersuchung wurde vom 11.02.2014 bis 04.03.2014 durchgeführt. Eine Woche vor dem Ende der Laufzeit wurde am 25.02.2014 um 14 Uhr mit einer Erinnerungsmail[94] nachgefasst, in der nochmals die Bedeutung der Teilnahme an der Untersuchung betont wurde. Wie schon erwähnt, wurde diese E-Mail automatisch nur an diejenigen Adressen geschickt, die noch nicht an der Umfrage teilgenommen hatten. Zu diesem Zeitpunkt hatten bereits 100 Unternehmen den Fragebogen beantwortet. Die Rücklaufquote lag damit weit hinter dem erwarteten Wert und es zeichnete sich ab, dass eine zweite Erhebungswelle durchgeführt werden musste, um die in 4.2.1. errechnete Stichprobengröße von 365 zu erreichen und eine ausreichende Fallzahl für die statisti-

---

[94] Siehe Anlage 4 im Anhang.

sche Auswertung zu erhalten, denn „nur größere Stichproben lassen die Bildung von Untergruppen zu [...], die noch im Detail interpretiert werden können"[95]. Die erste Welle endete am 04.03.2014 mit 148 beantworteten Fragebögen, was einer Rücklaufquote von 8,4 Prozent entspricht.

Um die noch fehlenden 217 Datensätze zu erhalten, wurde somit gleich im Anschluss eine zweite Erhebungswelle durchgeführt. Hierzu wurde basierend auf der bisherigen Rücklaufquote zunächst ein Auswahlstichprobenumfang von 2.584 ermittelt. Anschließend wurden, mittels des in 4.2.2. beschriebenen Auswahlverfahrens, neue E-Mail-Adressen gezogen und in Q-Set importiert. Die Begleitmail wurde von der ersten Welle übernommen, lediglich die Angabe zur Laufzeit wurde entsprechend abgeändert. Die zweite Welle der Datenerhebung startete schließlich am 05.03.2014 um 14 Uhr. Von den 2.584 ausgesandten E-Mails waren 200 nicht zustellbar und wurden wie schon bei der ersten Welle per Recherche im Internet überprüft. Die E-Mail zur Teilnahme an der Untersuchung wurde anschließend am 12.03.2014 um 14 Uhr an die korrigierten Adressen verschickt. Letztendlich blieben trotzdem auch bei der zweiten Welle 61 E-Mails nicht zustellbar. Am 19.03.2014 um 14 Uhr wurde mit einer Erinnerungsmail noch einmal nachgefasst. Bis auf das Datum entsprach diese ebenfalls der Erinnerungsmail der ersten Welle. Die zweite Erhebungswelle endete am 26.03.2014 um 24 Uhr.

Im gesamten Erhebungszeitraum vom 11.02. bis 26.03.2014 ergibt sich der in Abbildung 6 dargestellte Verlauf der Teilnahmevorgänge. Man kann deutlich erkennen, dass jeweils am ersten Tag der beiden Untersuchungswellen (11.02. bzw. 05.03.) die meisten Fragebögen beantwortet wurden. Auch die Erinnerungsmails (25.02. bzw. 19.03.) brachten einen guten Rücklauf. Die kleinen Peaks am 19.02. bzw. 12.03. resultieren jeweils aus den zweiten E-Mails, welche an die zunächst nicht zustellbaren Adressen gesendet wurden. Samstags und sonntags gab es keinen Rücklauf, was sich auf die typische Arbeitswoche von fünf Arbeitstagen zurückführen lassen dürfte.

---

[95] Oberzaucher (2012), S. 41.

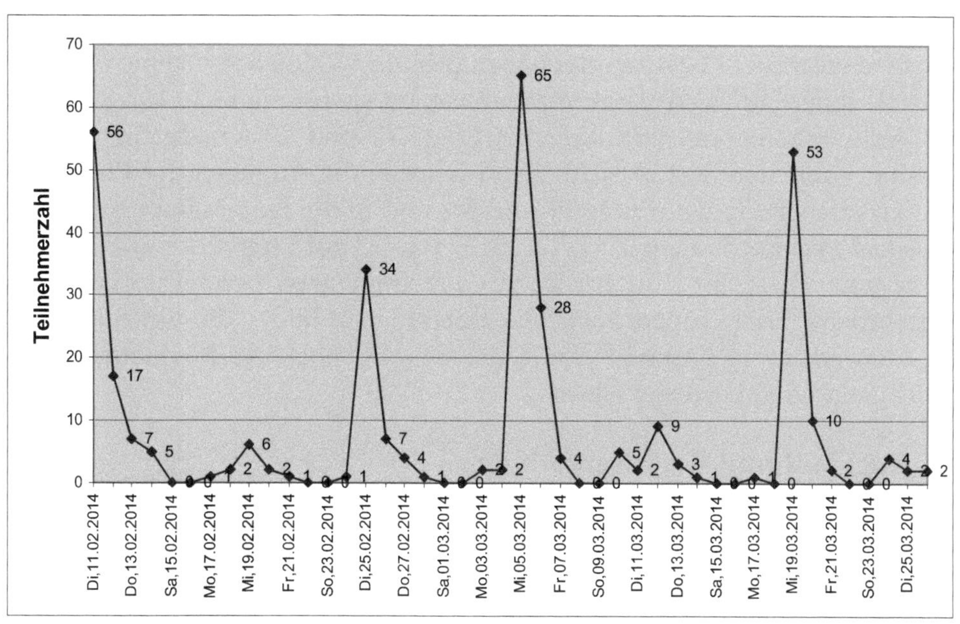

Abbildung 6: Absolute Rückläufe im Erhebungszeitraum[96]

4.5. Datenaufbereitung

Zur statistischen Auswertung der Fragebögen wurden die Daten direkt vom Umfrage-Tool Q-Set exportiert und in die Software PASW Statistics 18 importiert. Die vorliegende Datenmatrix, deren Spalten die einzelnen Werte der verschiedenen Variablen enthalten und in deren Zeilen sich die Angaben der einzelnen Probanden befinden, musste anschließend noch kodiert werden. Dabei wird jeder Variable des Fragebogens ein Variablenlabel und jeder Ausprägung ein Wertelabel gemäß des im Fragebogen benutzen Messniveaus zugeordnet[97]. Hierbei wurden auch fehlende Werte (Missing Values) festgelegt. Dies betraf vor allem Fragen, die wegen entsprechender Programmierung des Fragebogens nicht allen Teilnehmern angezeigt wurden. Für diese Fälle wurde der Wert 999 nachgetragen und als Missing Value mit dem Wertelabel *Frage nicht relevant* definiert. Somit ist bei der Auswertung

---

[96] Eigene Darstellung.
[97] Vgl. Grunwald/Hempelmann (2012), S. 69.

eine Unterscheidung dahingehend möglich, ob die Umfrageteilnehmer eine Frage bewusst nicht beantwortet haben (Missing Value 888 = keine Antwort) oder sie ihnen nur nicht angezeigt wurde, da sie für sie nicht relevant war. Die Antwortkategorie *weiß nicht* bei Frage 12 und 23 wurde ebenfalls als Missing Value definiert. Abschließend wurden die Angaben der Probanden bei den offenen Fragen (Frage 19 und 31) und in der Sammelkategorie *Sonstige/s und zwar* der Fragen 2, 11, 17, 25, 32 und 33 auf Tippfehler und logische Konsistenz überprüft und bei Bedarf bereinigt bzw. bereits vorhandenen Antwortkategorien zugeordnet. Die Datenmatrix bildet die Grundlage für die Auswertung in Kapitel 5. Zunächst soll aber noch der Rücklauf und die Repräsentativität bewertet werden.

4.6. Rücklauf und Repräsentativität

4.6.1. Berechnung der Ausschöpfungsquote

Unter der Ausschöpfungsquote versteht man den Quotienten aus der Anzahl der Teilnehmer an der Untersuchung und der Größe der bereinigten Bruttostichprobe. Um letztere zu erhalten, müssen von der Bruttostichprobe die stichprobenneutralen Ausfälle abgezogen werden[98]. Die verbleibende Anzahl der Adressen wird anschließend auf 100 Prozent gesetzt und bildet damit die Ausgangsmenge für die Berechnung der Ausschöpfungsquote[99]. Die bereinigte Stichprobe, vermindert um die systematischen Ausfälle, ergibt schließlich die Anzahl der auswertbaren Fragebögen, die durch den bereinigten Stichprobenansatz geteilt werden, wodurch sich die Ausschöpfungsquote errechnet. Als systematisch werden solche Ausfälle bezeichnet, „deren Ursachen mit den untersuchten Merkmalen und ihren Ausprägungen zusammenhängen"[100]. In Abbildung 7 sind die Ausschöpfung und Ausfallgründe der durchgeführten Untersuchung dargestellt. Wie man sehen kann, wurde die Bruttostichprobe um die insgesamt 122 E-Mails reduziert, die bei der ersten und zweiten Erhebungswelle nicht zustellbar waren. Zudem gaben zwei Unternehmen per E-Mail und zwölf Unternehmen im Fra-

---

[98] Vgl. Schumann (2012), S. 104.

[99] Vgl. ADM Arbeitskreis Deutscher Markt- und Sozialforschungsinstitute e.V. (2014), S.115.

[100] Schumann (2012), S. 105.

gebogen an, dass sich ihr Hauptsitz außerhalb Bayerns befinde. Da sie somit nicht Teil der Grundgesamtheit sind, vermindern sie ebenfalls die Bruttostichprobe. Weitere 45 Ausfälle wurden abgezogen, weil die Unternehmen per E-Mail gemeldet hatten, dass sie aufgrund von Personalmangel und der zunehmenden Anzahl an Umfrageanfragen grundsätzlich nicht mehr an Untersuchungen teilnehmen. Es ergibt sich somit ein bereinigter Stichprobenansatz von 4.228.

		N	%
	Bruttostichprobe	4.409	100,0
./.	**Stichprobenneutrale Ausfälle** ingesamt	181	4,1
	- E-Mail-Adresse falsch, existiert nicht (mehr)	122	2,8
	- Unternehmen generell nicht zur Teilnahme an Umfragen bereit	45	1,0
	- Hauptsitz des Unternehmens nicht in Bayern	14	0,3
=	Bereinigter Stichprobenansatz	4.228	100,0
./.	**Systematische Ausfälle** insgesamt	3.889	92,0
	- Abbruch wegen zu langer Beantwortungsdauer	1	0,0
	- Unternehmen möchte keine Angaben zu Umsatz/Strategie machen	2	0,0
	- Grund unbekannt	3.884	91,9
	- Begriff Social Media nicht bekannt	2	0,0
=	auswertbare Fragebögen / Ausschöpfungsquote	339	8,0

Abbildung 7: Ausschöpfung und Ausfallgründe[101]

Die Gründe für die insgesamt 3.889 systematischen Ausfälle sind zum Großteil unbekannt, da im Gegenteil zu einer Befragung mit Interviewern kein direkter Kontakt mit den Probanden bestand und daher der Grund für die Nichtteilnahme nicht gezielt erfragt werden konnte. Die dennoch in Abbildung 7 angeführten systematischen Ausfälle basieren auf freiwilligen E-Mail Rückmeldungen von Unternehmen. Darunter fallen: zu lange Beantwortungsdauer, Verweigerung von Angaben zu Umsatz[102] bzw. Strategie und fehlende Bekanntheit des Begriffs Social Media. Mit entsprechenden zeitlichen und personellen Ressourcen könnten die systematischen Ausfälle bei zukünftigen Untersuchungen gegebenenfalls reduziert und besser ein-

---

[101] Eigene Darstellung in Anlehnung an Koch (2014), S. 6.

[102] Da die Frage nach dem Umsatz zu Beginn des Fragebogens als Pflichtfrage programmiert war, konnten Probanden, die den Umsatz nicht angeben wollten/durften, nicht an der Befragung teilnehmen.

geordnet werden, indem zum einen bei einem längeren Erhebungszeitraum eine weitere Erinnerungsmail verschickt und zum anderen z.B. per Telefon bei Nichtteilnahme konkret nach dem Grund gefragt wird.

Nach dem Abzug der systematischen Ausfälle vom bereinigten Stichprobenansatz bleiben bei der vorliegenden Untersuchung noch insgesamt 339 auswertbare Fragebögen übrig. Dazu wurden auch Fragebögen gezählt, bei denen die Probanden einzelne Fragen nicht beantwortet haben. Unvollständige Fragebögen wurden somit nicht komplett von der statistischen Auswertung ausgeschlossen, sondern lediglich die Teile der Fragebögen, die nicht beantwortet und dementsprechend, wie in 4.5. beschrieben, als Missing Values definiert wurden. Setzt man die auswertbaren Fragebögen ins Verhältnis zum bereinigten Stichprobenansatz, so ergibt sich für die vorliegende Untersuchung eine Ausschöpfungsquote von genau 8 Prozent.

4.6.2. Bewertung der Repräsentativität

Wegen des geringen Rücklaufs ist möglicherweise die Verallgemeinerbarkeit der Umfrageergebnisse auf die Grundgesamtheit und somit die Repräsentativität der Untersuchung gefährdet. Grund ist der sogenannte Non-Response-Bias, der dadurch entsteht, dass sich die Antworten der Teilnehmer von denen der Nichtteilnehmer unterscheiden[103]. Tendenziell wird der Non-Response-Bias umso größer, „je höher der Anteil der Nichtantworter ist und je deutlicher sich Antworter und Nichtantworter in ihrer mittleren Antworttendenz unterscheiden"[104]. Allerdings kann auch eine niedrige Response-Rate durchaus repräsentativ sein, sofern die Teilnehmer ein möglichst genaues Abbild der Grundgesamtheit darstellen[105]. Dies soll nachfolgend anhand der Merkmale *Hauptsitz* und *Mitarbeiterzahl* überprüft werden.

Zunächst wurde die prozentuale Häufigkeit der Hauptsitze aller Unternehmen der Grundgesamtheit der prozentualen Häufigkeit in der Untersuchung gegenübergestellt.

---

[103] Vgl. Koch (2014), S. 15.
[104] Wirtschaftspsychologische Gesellschaft (2014).
[105] Vgl. ebd.

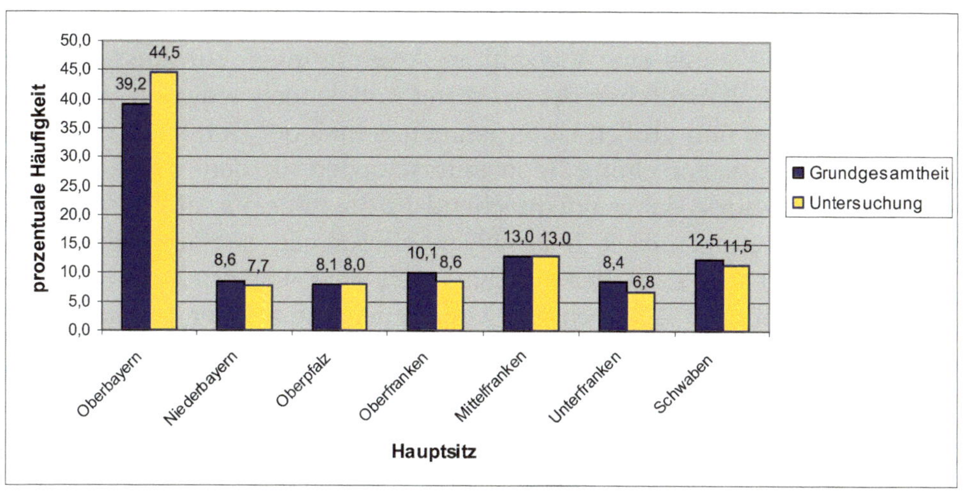

Abbildung 8: Repräsentanz bezüglich des Merkmals Hauptsitz[106]

Wie in Abbildung 8 zu sehen, ist Oberbayern in der Untersuchung leicht überrepräsentiert. Ein möglicher Grund dafür könnte sein, dass die angeschriebenen Unternehmen in Oberbayern eher motiviert waren, an der Umfrage teilzunehmen, weil sie dadurch die Abschlussarbeit an einer lokalen Hochschule unterstützten. Es gilt allerdings auch zu bedenken, dass, wie schon erwähnt, obwohl bei der Bestimmung der Grundgesamtheit nach Unternehmen mit Hauptsitz in Bayern selektiert wurde, dennoch einige Probanden angaben, der Hauptsitz ihres Unternehmens befände sich außerhalb Bayerns. Es ist anzunehmen, dass dies auf weitere Unternehmen aus der Grundgesamtheit zutrifft und sich damit zum einen die Gesamtmasse auf unter 7.220 verringern und die Verteilung auf die Regierungsbezirke entsprechend ändern würde. Für zukünftige Untersuchungen ist daher eine Vorabprüfung der Gesamtmasse hinsichtlich des Merkmals *Hauptsitz* zu empfehlen, was allerdings entsprechende zeitliche und personelle Ressourcen voraussetzt.

---

[106] Eigene Darstellung unter Verwendung von Daten aus Bureau van Dijk Electronic Publishing GmbH (2014b).

Bei der Beantwortung des Fragebogens wurde den Probanden für das Merkmal *Mitarbeiterzahl* eine Vielzahl an Ausprägungen zur Auswahl vorgegeben, in der statistischen Auswertung soll jedoch lediglich zwischen kleinen, mittleren und großen Unternehmen gemäß der Definition des Instituts für Mittelstandsforschung Bonn unterschieden werden[107]. Die Variable *Mitarbeiterzahl* wurde daher entsprechend in die neue Variable *Beschäftigte* mit den Ausprägungen *bis 9, 10 bis 499* sowie *500 und mehr* umkodiert. Abbildung 9 stellt die Zahl der Beschäftigten aller Unternehmen aus der Grundgesamtheit den Angaben zur Mitarbeiterzahl aus der Untersuchung gegenüber.

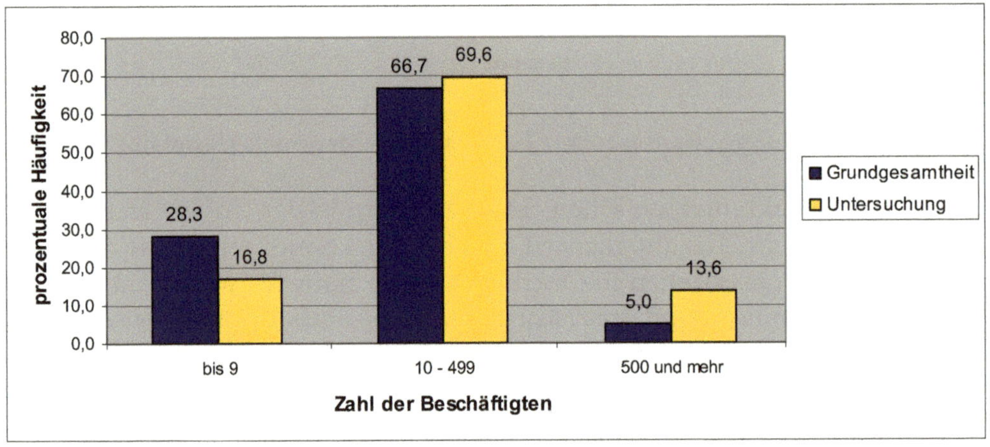

Abbildung 9: Repräsentanz bezüglich des Merkmals Zahl der Beschäftigten[108]

Wie man erkennen kann, sind Unternehmen mit bis zu neun Beschäftigten in der Untersuchung deutlich unterrepräsentiert, vor allem Unternehmen mit 500 Mitarbeitern und mehr dafür aber überrepräsentiert. Ein Grund hierfür könnte sein, dass kleinere Unternehmen mit weniger Mitarbeitern nicht die personellen Ressourcen haben, um an Umfragen teilzunehmen.

Insgesamt ist festzuhalten, dass die Häufigkeitsverhältnisse bei den für die Repräsentativität als relevant eingestuften Variablen *Hauptsitz* und *Mit-*

---

[107] Vgl. IfM Bonn (2014).
[108] Eigene Darstellung unter Verwendung von Daten aus Bureau van Dijk Electronic Publishing GmbH (2014b).

arbeiterzahl in der Stichprobe nicht zu 100 Prozent denen in der Grundgesamtheit entsprechen und die Stichprobe damit nicht als repräsentativ angesehen werden kann.

5. Ergebnisse

Nachfolgend sollen nun die Ergebnisse und Erkenntnisse aus der empirischen Untersuchung deskriptiv dargestellt und interpretiert werden. Zunächst wird dabei auf die Struktur der Untersuchungsteilnehmer sowie der Unternehmen eingegangen, bevor die Bedeutung und der Einsatz sozialer Medien in der Marketingkommunikation näher betrachtet und ausgewertet wird. Sofern nicht ausdrücklich anders erwähnt, wird bei allen statistischen Tests ein Signifikanzniveau von p < 0,05 zu Grunde gelegt.

5.1. Struktur der Stichprobe

5.1.1. Berufliche Stellung im Unternehmen

Wie in Kapitel 4.4. näher erläutert wurde, war in die Begleitmail bereits zu Beginn der Vermerk *An die Marketingverantwortlichen in Ihrem Unternehmen* eingefügt, um bei den allgemeinen info@-Adressen die Weiterleitung an die richtige Stelle im Unternehmen zu gewährleisten. Alternativ wurden die Geschäftsführer der jeweiligen Unternehmen adressiert.

Abbildung 10 zeigt die berufliche Stellung der befragten Personen im Unternehmen. Zwölf Teilnehmer haben diese Frage nicht beantwortet, daher beziehen sich die Prozentwerte auf eine Basis von 327 Datensätzen. Die größte Gruppe bilden die *Unternehmensinhaber/innen* mit 33 Prozent, dicht gefolgt von *Arbeitnehmer/innen mit Budgetverantwortung* (27,8 Prozent) und *Arbeitnehmer/innen in der Unternehmensleitung* (23,5 Prozent). *Arbeitnehmer/innen ohne Budgetverantwortung* machen noch einmal 12,8 Prozent aus. *Auszubildende, Praktikanten* und *Sonstige* bilden den Rest mit zusammen 2,7 Prozent. Da es sich bei den Umfrageteilnehmern damit fast ausschließlich um Fach- und Führungskräfte handelt, ist davon auszugehen, dass ihre Antworten als repräsentativ für das jeweilige Unternehmen angesehen werden können.

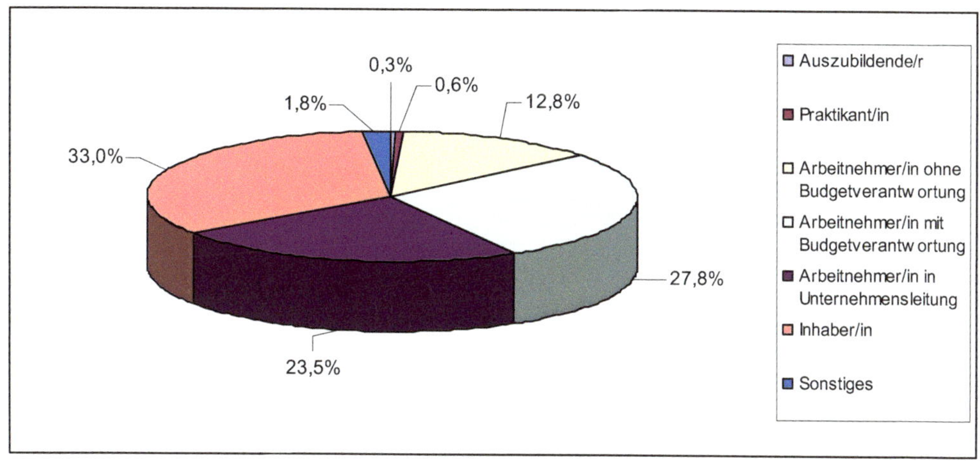

Abbildung 10: Berufliche Stellung im Unternehmen[109]

5.1.2. Private Social Media Nutzung

Wie Abbildung 11 zeigt, nutzen 38,3 Prozent der Umfrageteilnehmer Social Media im privaten Bereich *oft* bis *sehr oft*, während 14,2 Prozent angaben, es *gar nicht* zu nutzen. Immerhin *manchmal* nutzen 22,4 Prozent soziale Medien, 12,7 Prozent *selten* und 12,4 Prozent *sehr selten*. Dabei ist ein signifikanter Zusammenhang zwischen der privaten Social Media Nutzung und dem Alter festzustellen (Chi-Quadrat-Test: Asymptotische Signifikanz (2-seitig) = 0,000). Am häufigsten werden soziale Medien im privaten Bereich von Personen unter 39 Jahren genutzt. In dieser Altersgruppe gibt es auch kaum Personen, die angaben, privat *gar nicht* oder nur *(sehr) selten* im Social Web aktiv zu sein. Dies war eher in der Altersgruppe der ab 50-Jährigen der Fall, obwohl die Ergebnisse zeigen, dass es auch hier noch einige sehr aktive Social Media Nutzer gibt. Am ausgeglichensten verhält sich die Gruppe der 40 bis 49-Jährigen. Von *gar nicht* bis *oft* waren die Antworten recht gleichmäßig verteilt. Lediglich an Personen, die Social Media *sehr oft* im privaten Bereich nutzen, mangelt es in dieser Altersgruppe.

---

[109] Eigene Darstellung.

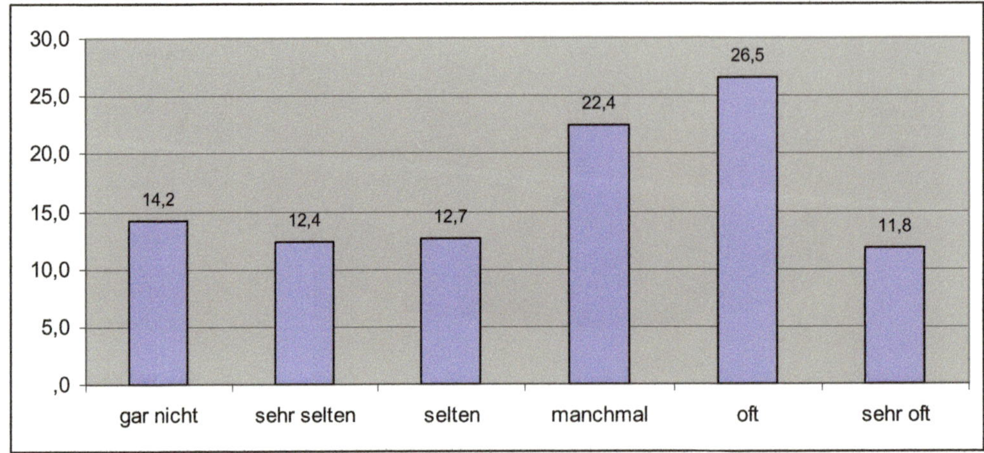

Abbildung 11: Private Social Media Nutzung[110]

5.1.3. Berufliche Social Media Nutzung

Die Auswertung der Nutzung für berufliche Zwecke zeigt, dass lediglich ein Viertel der Befragten (25,6 Prozent) *oft* bis *sehr oft* auf soziale Medien zurückgreift, um sich beispielsweise über aktuelle Produkt- und Marktentwicklungen auf dem Laufenden zu halten. Neun Teilnehmer haben diese Frage nicht beantwortet, daher beziehen sich die Prozentwerte auf eine Basis von 330 Datensätzen. Wie in Abbildung 12 außerdem zu erkennen ist, nutzen 25,4 Prozent der Befragten das Social Web *manchmal*, 10,9 Prozent *selten* und 17,1 Prozent *sehr selten* für berufliche Zwecke. *Gar nicht* zum Einsatz im beruflichen Bereich kommen soziale Medien bei 18,3 Prozent der Umfrageteilnehmer. Dabei handelt es sich vor allem um Unternehmensinhaber/innen (26,5 Prozent) und Arbeitnehmer/innen in der Unternehmensleitung (27,3 Prozent). Dennoch nutzen immerhin 41,9 Prozent derjenigen Personen, die eine solche Position innehaben, Social Media *manchmal* bis *oft* für ihre berufliche Tätigkeit. Am häufigsten für die Arbeit genutzt werden soziale Medien von Arbeitnehmer/innen mit Budgetverantwortung. 35,6 Prozent gaben an, *oft* bis *sehr oft* Foren, Wikis, Blogs und Co. für berufliche Zwe-

---

[110] Eigene Darstellung.

cke einzusetzen, 28,9 Prozent machen hiervon immerhin *manchmal* Gebrauch.

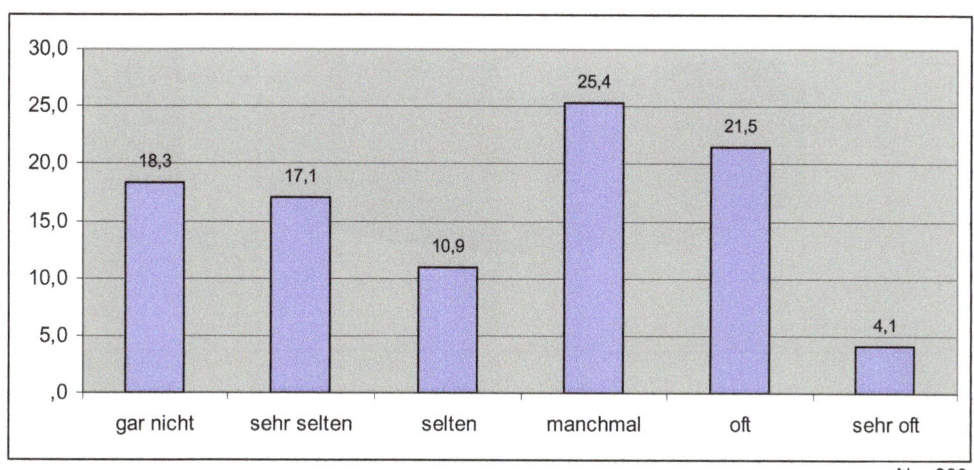

N = 330

Abbildung 12: Nutzung von Social Media für berufliche Zwecke[111]

5.2. Struktur der Unternehmen

5.2.1. Unternehmensgröße

In Kapitel 4.6.2. wurde bereits erwähnt, dass in der statistischen Auswertung zwischen kleinen, mittleren und großen Unternehmen gemäß der Definition des Instituts für Mittelstandsforschung Bonn unterschieden wird. Demnach haben kleine Unternehmen bis zu neun Beschäftigte und erwirtschaften einen Umsatz von bis unter eine Million Euro pro Jahr. Zu den mittleren Unternehmen zählen alle Unternehmen, die weder in die Kategorie Klein- noch Großbetriebe fallen, bis 499 Personen beschäftigen und einen Umsatz von bis unter 50 Millionen Euro pro Jahr ausweisen. Unternehmen mit mehr als 500 Mitarbeitern und einem Jahresumsatz von mehr als 50 Millionen Euro werden als Großbetriebe bezeichnet[112]. Im Zweifelsfall soll im Folgenden die Zahl der Beschäftigten entscheidend sein, welcher Größe ein Unternehmen zugeordnet wird.

---

[111] Eigene Darstellung.
[112] Vgl. IfM Bonn (2014).

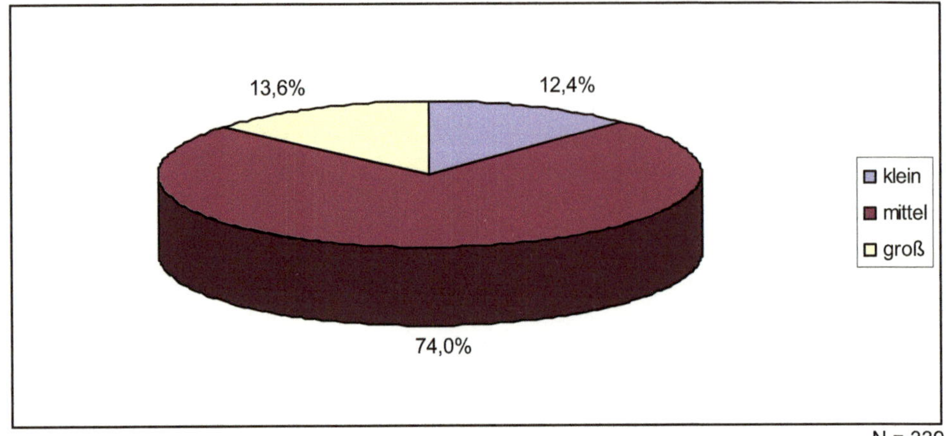

Abbildung 13: Unternehmensgröße[113]

Wie in Abbildung 13 zu sehen, gehören mit 74 Prozent die überwiegende Mehrheit der befragten Unternehmen der Kategorie mittlere Betriebe an. 12,4 Prozent hingegen gelten als kleine Firmen und 13,6 Prozent sind als Großbetriebe zu bezeichnen.

5.2.2. Branchenzugehörigkeit

Die der empirischen Untersuchung zugrunde liegende Zuordnung zu den einzelnen Branchen ist, wie unter 4.3.1. bereits erwähnt, angelehnt an die Gesamtübersicht der Branchen der Industrie- und Handelskammern in Bayern[114]. Insgesamt ist in der Untersuchung ein breites Spektrum vertreten. Die Verteilung ist in Abbildung 14 dargestellt. 14,2 Prozent der befragten Unternehmen gehören der Bauindustrie bzw. dem Immobiliengewerbe an. Weitere 11,5 Prozent entstammen der Dienstleistungsbranche und 10,6 Prozent dem Einzelhandel. 7,7 Prozent sind in der IT/Telekommunikationsbranche tätig und je 6,2 Prozent im Maschinen-/Anlagenbau bzw. der Chemie-, Pharma-, Medizin- und Pharmabranche. Je 5,6 Prozent der befragten Unternehmen sind im Bereich Verkehr/Transport/Logistik bzw. dem Großhandel anzusiedeln.

---

[113] Eigene Darstellung.
[114] Siehe Industrie- und Handelskammern in Bayern (2014).

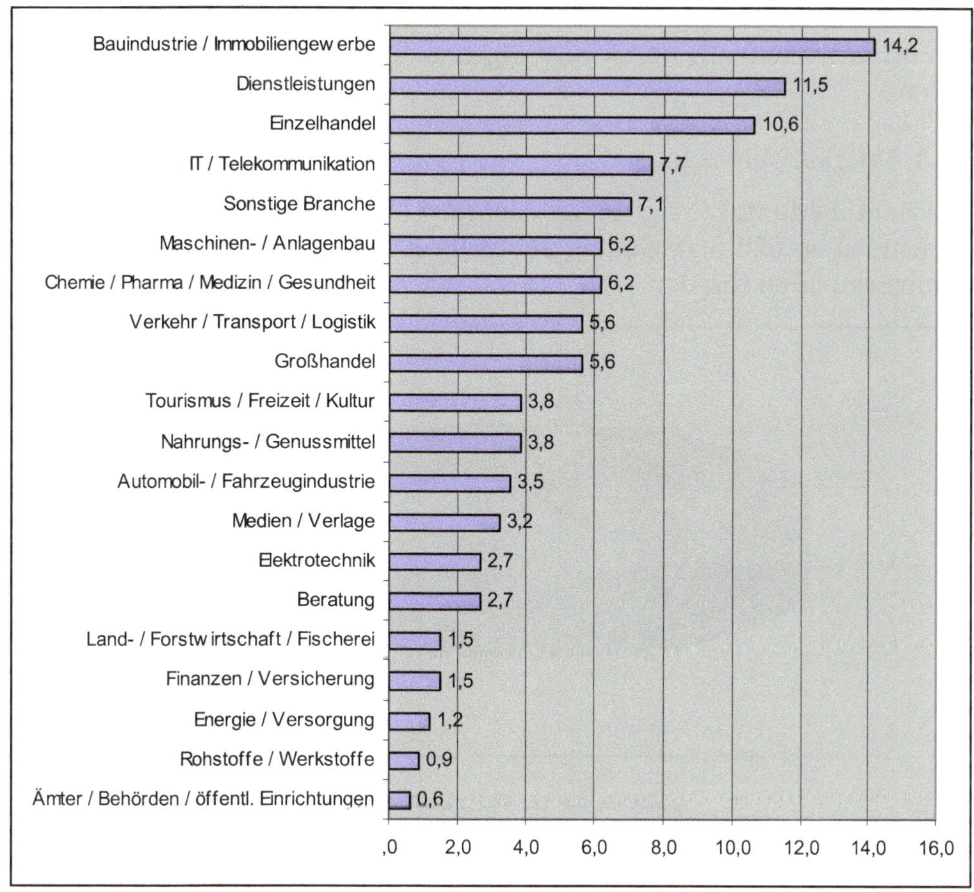

Abbildung 14: Branchenzugehörigkeit[115]

In relativ ausgeglichenem Verhältnis sind die Branchen Tourismus/Freizeit/Kultur (3,8 Prozent), Nahrungs- und Genussmittel (3,8 Prozent), Automobil-/Fahrzeugindustrie (3,5 Prozent) sowie Medien und Verlage (3,2 Prozent). Je 2,7 Prozent entfallen auf die Bereiche Elektrotechnik und Beratung sowie weitere 1,5 Prozent jeweils auf die Land-/Forstwirtschaft/Fischerei sowie Finanzen und Versicherung. 1,2 Prozent der befragten Unternehmen entstammen der Energie- und Versor-

---

[115] Eigene Darstellung.

gungsbranche, die Branchen Rohstoffe/Werkstoffe und Äm-
ter/Behörden/öffentliche Einrichtungen sind mit 0,9 bzw. 0,6 Prozent vertreten.

5.2.3. Tätigkeitsbereich

Wie Abbildung 15 zeigt, ist die Mehrheit (60,5 Prozent) der befragten Unternehmen im B2B-Bereich tätig und zählt damit vorwiegend andere Unternehmen zu ihren Kunden.

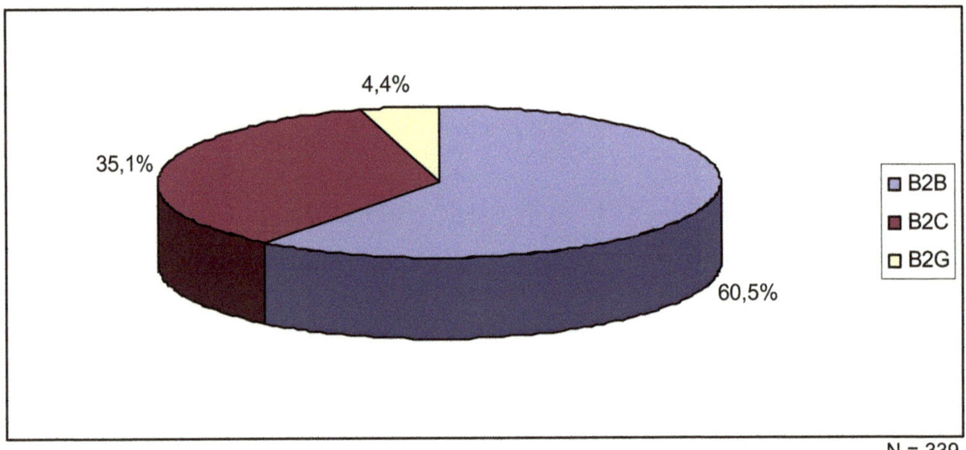

Abbildung 15: Tätigkeitsbereich[116]

Im Bereich Business-to-Consumer sind 35,1 Prozent beheimatet. Ihre
Kunden sind somit hauptsächlich Privatpersonen. Lediglich 4,4 Prozent machen vorwiegend Geschäfte mit Behörden und anderen staatlichen Einrichtungen und sind damit dem B2G-Bereich zuzuordnen. In der nachfolgenden
Auswertung spielt die Zuordnung zu den einzelnen Tätigkeitsbereichen der
befragten Unternehmen eine wichtige Rolle, um mögliche Unterschiede
beim Einsatz von Social Media in der Marketingkommunikation von B2C,
B2B und B2G Unternehmen feststellen zu können.

---

[116] Eigene Darstellung.

5.3. Bedeutung und Einsatz von Social Media

Insgesamt haben soziale Medien für die 339 befragten Unternehmen aktuell eher eine geringe Bedeutung. Dies ist vor allem im B2B-Bereich und B2C-Bereich zu sehen, wohingegen im B2G-Bereich bei einem Drittel der Befragten noch Unentschlossenheit herrscht. Wie Abbildung 16 zeigt, ist dementsprechend nur knapp die Hälfte der befragten Unternehmen (48,7 Prozent) bereits im Social Web aktiv.

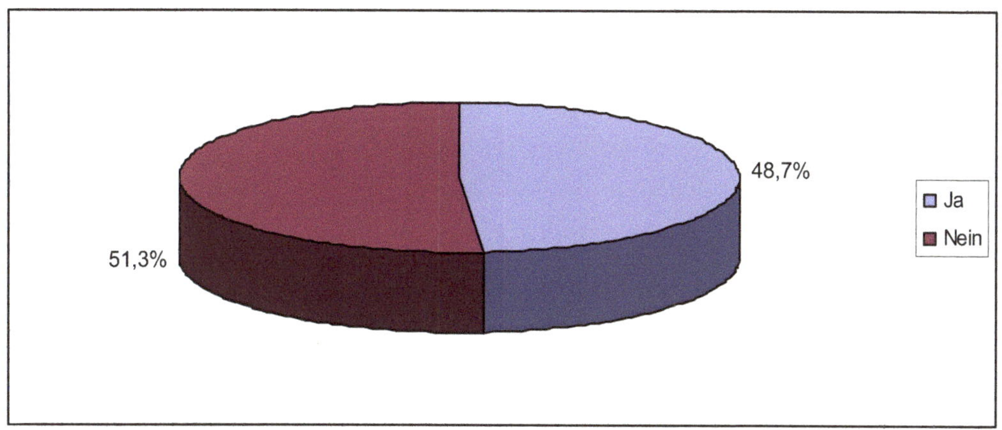

Abbildung 16: Durchführung von Social Media Aktivitäten[117]

Interessanterweise konnte kein signifikanter Zusammenhang zwischen dem Einsatz von Social Media und dem Tätigkeitsbereich festgestellt werden (Chi-Quadrat-Test: Asymptotische Signifikanz (2-seitig) = 0,891). Sowohl im B2C-, als auch im B2B- und B2G-Bereich hält sich die Anzahl der Unternehmen, die im Social Web aktiv sind, und denen, die es nicht sind, in etwa die Waage. Allerdings hängt der Einsatz von Social Media unter anderem von der Unternehmensgröße ab (Chi-Quadrat-Test: Asymptotische Signifikanz (2-seitig) = 0,000). Wie in Abbildung 17 zu sehen, sind vor allem kleine Unternehmen mit bis zu neun Beschäftigten und einem Jahresumsatz von unter einer Million Euro derzeit noch nicht im Social Web aktiv. Der Anteil der Nichtnutzer liegt hier bei 69 Prozent, während es bei Großunternehmen annähernd umgekehrt ist. In dieser Größenkategorie nutzen bereits

---

[117] Eigene Darstellung.

73,9 Prozent der Betriebe Social Media. Bei Unternehmen mittlerer Größe hält sich die Aktivität im Social Web in etwa die Waage. Hier setzen 47 Prozent bereits Social Media ein.

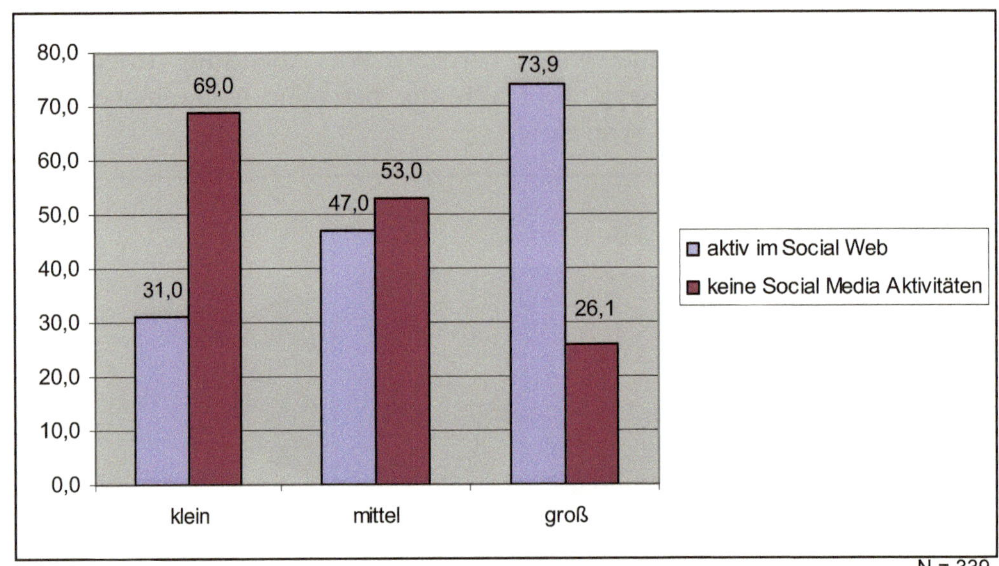

Abbildung 17: Durchführung von Social Media Aktivitäten nach Unternehmensgröße[118]

Zukünftig werden soziale Medien nach Einschätzung der Umfrageteilnehmer an Bedeutung gewinnen. Am deutlichsten wird dies im B2C-Bereich. Auf einer fünfstufigen Ratingskala stimmen 47 Prozent der Befragten der Aussage zu, dass soziale Medien in den nächsten zwölf Monaten für ihr Unternehmen an Bedeutung zunehmen werden. Im B2G-Bereich sind es immerhin 42,8 Prozent und im B2B-Bereich noch 39,9 Prozent.

Die steigende Bedeutung des Themas Social Media spiegelt sich auch in den steigenden Budgets wider. 55,9 Prozent der im B2C-Bereich tätigen Personen gehen davon aus, dass das Budget für Social Media in ihrem Unternehmen im nächsten Geschäftsjahr leicht steigen wird. Im B2G-Bereich rechnen 75 Prozent der Befragten ebenfalls mit einem leichten Anstieg. Le-

---

[118] Eigene Darstellung.

diglich im B2B-Bereich schätzt eine Mehrheit von 52,1 Prozent, dass das Budget für Social Media im nächsten Geschäftsjahr gleich bleibt.

5.3.1. Gründe für und gegen den Einsatz von Social Media

Von den 174 Unternehmen, die bisher nicht im Social Web aktiv sind, zeichnet sich mit einer durchschnittlichen Bewertung von 2,64 (auf einer Ratingskala von *1 = trifft voll und ganz zu* bis *5 = trifft überhaupt nicht zu*) die Nichterreichbarkeit der Zielgruppe/n als Hauptgrund ab. Ein weiterer in Abbildung 18 dargestellter Grund ist mit 2,84 Punkten, dass Social Media nicht zur Unternehmenskultur passe. Fehlende Ressourcen werden nur zum Teil als Grund gesehen, ebenso Bedenken wegen Kontrollverlust oder negativer Publicity, fehlendes Know-how und rechtliche Unsicherheiten. Interne Widerstände werden eher nicht als Grund für den Nichteinsatz von Social Media angeführt.

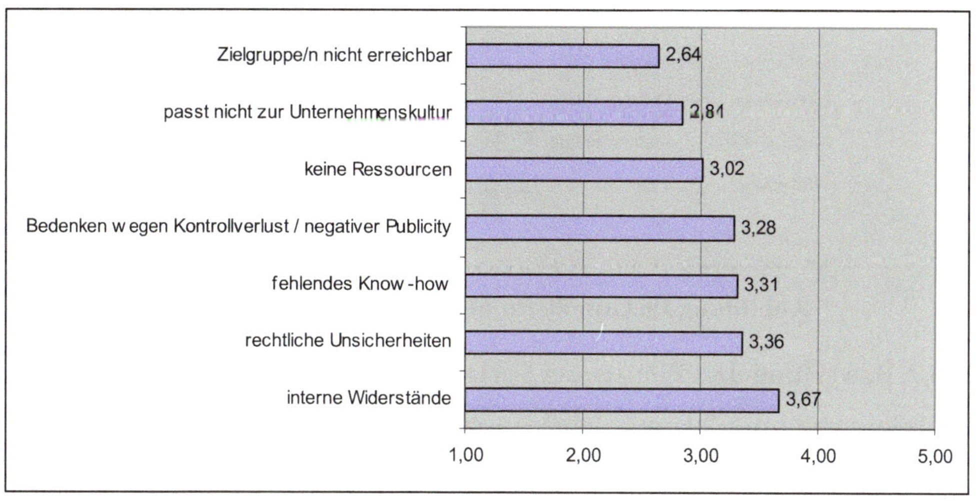

Abbildung 18: Gründe für den Nichteinsatz von Social Media[119]

Für Aktivitäten im Social Web sprechen aus Sicht der 165 Unternehmen, die im Rahmen Ihrer Marketingkommunikation dort bereits aktiv sind, wie in Abbildung 19 zu sehen, vor allem die Steigerung der Unternehmens- und Markenbekanntheit sowie die Steuerung des Images mit einer durchschnitt-

---

[119] Eigene Darstellung.

lichen Bewertung von 1,75 beziehungsweise 1,96 (auf einer Ratingskala von *1 = trifft voll und ganz zu* bis *5 = trifft überhaupt nicht zu*). Weitere wichtige Gründe sind die Steigerung der Zugriffszahlen auf die Unternehmenswebsite mit 2,08 Punkten, die bessere Suchmaschinenplatzierung und der Beziehungsaufbau zu Kunden. Die Weiter- und Neuentwicklung von Produkten und Dienstleistungen sowie Marktforschung und Marktbeobachtung werden von den befragten Personen dagegen im Schnitt nur teilweise als wichtige Gründe für den Einsatz von Social Media in der Marketingkommunikation ihres Unternehmens angesehen.

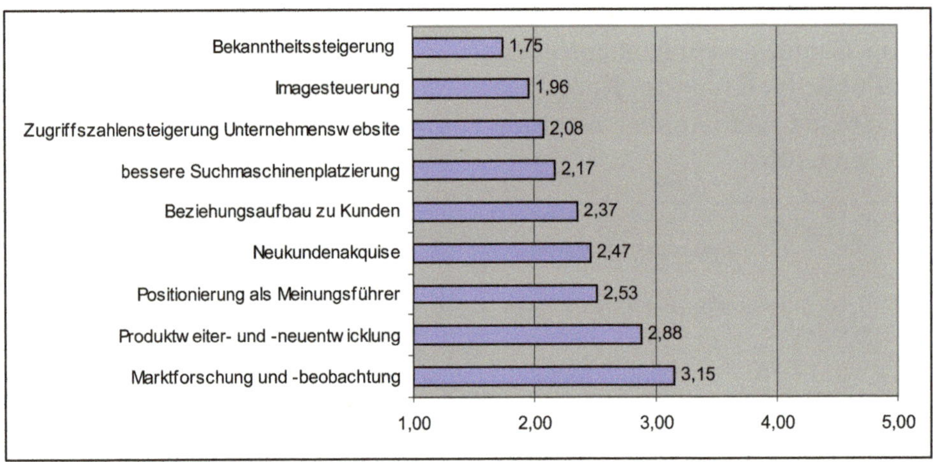

Abbildung 19: Gründe für den Einsatz von Social Media[120]

5.3.2. Bewertung und Einsatz der Social Media Kanäle

Wie Abbildung 20 zeigt, wurden soziale Netzwerke von Unternehmen aus dem B2B- und B2C-Bereich auf einer fünfstufigen Ratingskala von *1 = sehr wichtig* bis *5 = überhaupt nicht wichtig* als wichtigste Social Media Kanäle identifiziert. An zweiter Stelle stehen jeweils Branchenportale. Bei B2C Unternehmen folgen Videoportale und Fachforen. Als eher unwichtig werden Social Bookmarking, Wikis, Corporate Blogs, Fotoportale und Micro Blogs angesehen. Im B2B-Bereich stehen Fachforen an dritter Stelle. Erst dann folgen Videoportale, Corporate Blogs, Wikis und Social Bookmarking. Micro

---

[120] Eigene Darstellung.

Blogs und Fotoportale werden auch von B2B Unternehmen als eher nicht wichtig bewertet. Firmen aus dem B2G-Bereich sehen das genauso. Auf dem ersten Platz befinden sich bei ihnen jedoch Fachforen, dicht gefolgt von Branchenportalen. Erst danach kommen soziale Netzwerke, Wikis, Social Bookmarking, Videoportale und Corporate Blogs.

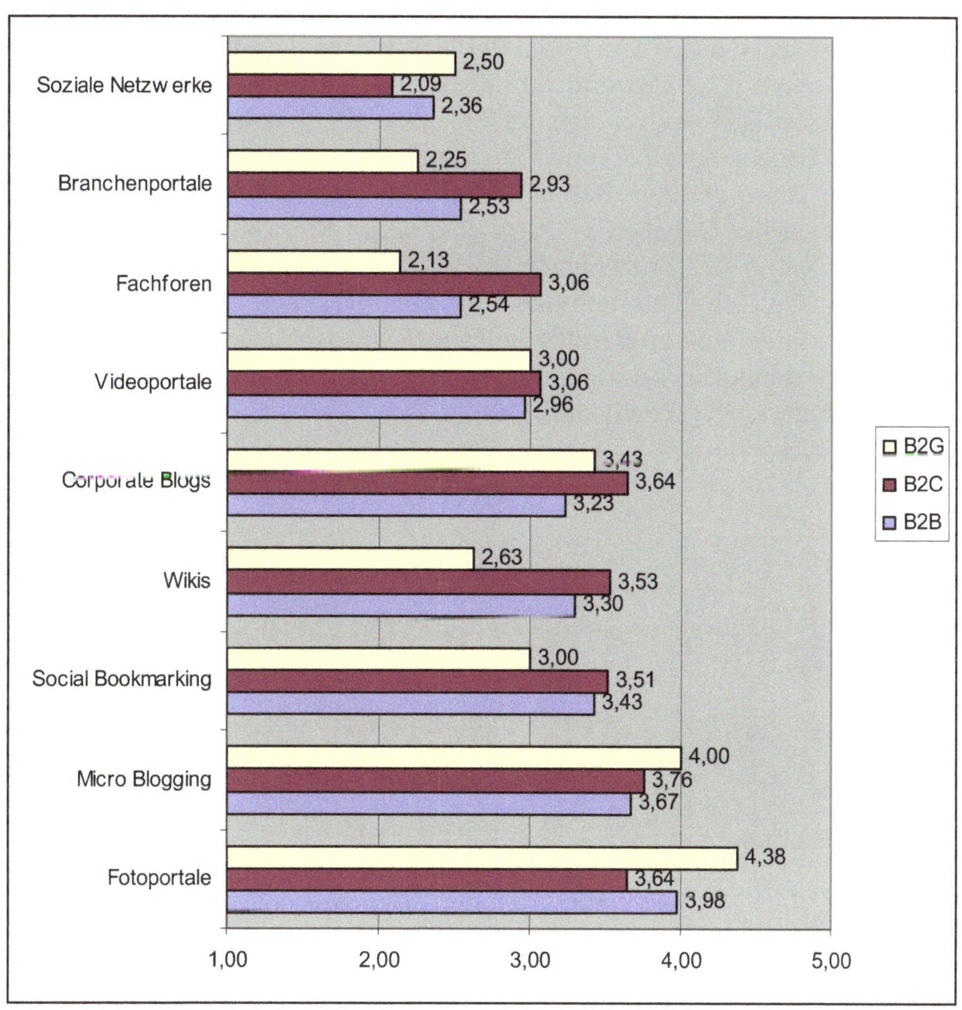

Abbildung 20: Einsatz Social Media Kanäle nach Tätigkeitsbereich[121]

---

[121] Eigene Darstellung.

Entsprechend stellt sich die derzeitige Nutzung der jeweiligen Kanäle innerhalb der einzelnen Tätigkeitsbereiche dar. 58,8 Prozent der befragten Unternehmen aus dem B2B-Bereich verzichten gänzlich auf den Einsatz von Micro Blogs für ihre Marketingkommunikation. Im B2C-Bereich betrifft dies 66,7 Prozent, im B2G 50 Prozent. 79,2 Prozent der befragten B2B Unternehmen machen keinerlei Gebrauch von Fotoportalen. Ähnliche Zahlen ergeben sich aus der Analyse der Antworten der Firmen aus dem B2C- (79,6 Prozent) und B2G-Bereich (71,4 Prozent). In der B2C-Kommunikation konzentrieren sich die derzeitigen Aktivitäten im Social Web überwiegend auf soziale Netzwerke. Facebook, XING und Co. werden von 34,5 Prozent stark und 40 Prozent sehr stark genutzt. B2B Unternehmen favorisieren ebenfalls die sozialen Netzwerke. Daneben werden aber auch Branchenportale von 27,8 Prozent stark und 10,3 Prozent sehr stark in ihrer Marketingkommunikation eingesetzt. Obgleich Unternehmen aus dem B2G-Bereich Fachforen und Branchenportalen eine größere Bedeutung beimessen als sozialen Netzwerken, sind sie dennoch vorrangig in Letzteren aktiv. 25 Prozent nutzen diese Kanäle sehr stark, 50 Prozent stark.

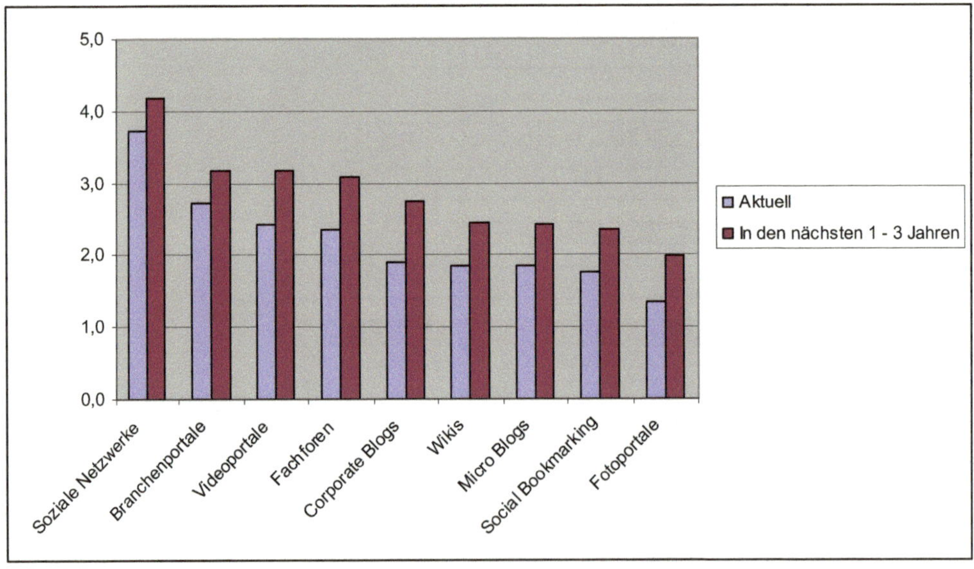

Abbildung 21: Entwicklung der Nutzung der Social Media Kanäle[122]

---

[122] Eigene Darstellung.

Wie in Abbildung 21 zu sehen, wird die Nutzung aller Kanäle in den 165 Unternehmen, die bereits im Social Web aktiv sind, in den nächsten ein bis drei Jahren zunehmen. Soziale Netzwerke sind gegenwärtig die am häufigsten genutzten Plattformen und werden dies offensichtlich auch in absehbarer Zukunft bleiben. Interessanterweise sind es jedoch andere Kanäle, welche den stärksten Zuwachs verzeichnen. Die Umfrageteilnehmer gehen vor allem von einem verstärkten Engagement in Corporate Blogs, Fachforen und Videoportalen aus.

Die 174 Unternehmen, die bisher nicht im Social Web aktiv sind, werden voraussichtlich in den nächsten ein bis drei Jahren am ehesten Branchenportale und Fachforen für ihre Marketingkommunikation nutzen. Alle anderen Kanäle, vor allem Micro Blogs und Fotoportale, werden voraussichtlich wenig zum Einsatz kommen.

5.3.3. Zielgruppen

Die Zielgruppen, die mit Social Media Aktivitäten schwerpunktmäßig erreicht werden sollen, variieren je nach Tätigkeitsbereich der befragten Firmen. Dies ist in Abbildung 22 dargestellt. Von den 98, dem B2B-Sektor angehörenden Unternehmen, die soziale Medien in ihrer Marketingkommunikation einsetzen, nennen 54,1 Prozent die allgemeine Öffentlichkeit als zentrale Zielgruppe. Entscheider möchten 49 Prozent erreichen, Endnutzer 35,7 Prozent. Nach Häufigkeit der Nennung folgen Einkäufer (30,6 Prozent), Beeinflusser (28,6 Prozent) und Kunden von Kunden (26,5 Prozent). Blogger möchten lediglich 9,2 Prozent der befragten B2B Unternehmen mit ihren Aktivitäten in Social Media ansprechen. Im B2C-Bereich stehen die Endnutzer an erster Stelle. 86,4 Prozent der 59 befragten, in Social Media aktiven Unternehmen, nennen sie als zentrale Zielgruppe. Danach folgen auch hier die allgemeine Öffentlichkeit (59,3 Prozent) und mit großem Abstand schließlich Kunden von Kunden (22,0 Prozent), Beeinflusser (8,5 Prozent), Einkäufer und Blogger (je 6,8 Prozent) sowie Entscheider (5,1 Prozent). Letztere gehören für die acht befragten B2G Unternehmen, die soziale Medien in ihrer Marketingkommunikation nutzen, neben der allgemeinen Öffentlichkeit, zur hauptsächlich relevanten Zielgruppe ihrer Aktivitäten. 50 Prozent der Umfrageteilnehmer nennen außerdem Endnutzer und je 37,5

Prozent Beeinflusser sowie Kunden von Kunden. Einkäufer und Blogger spielen mit jeweils 12,5 Prozent kaum eine Rolle.

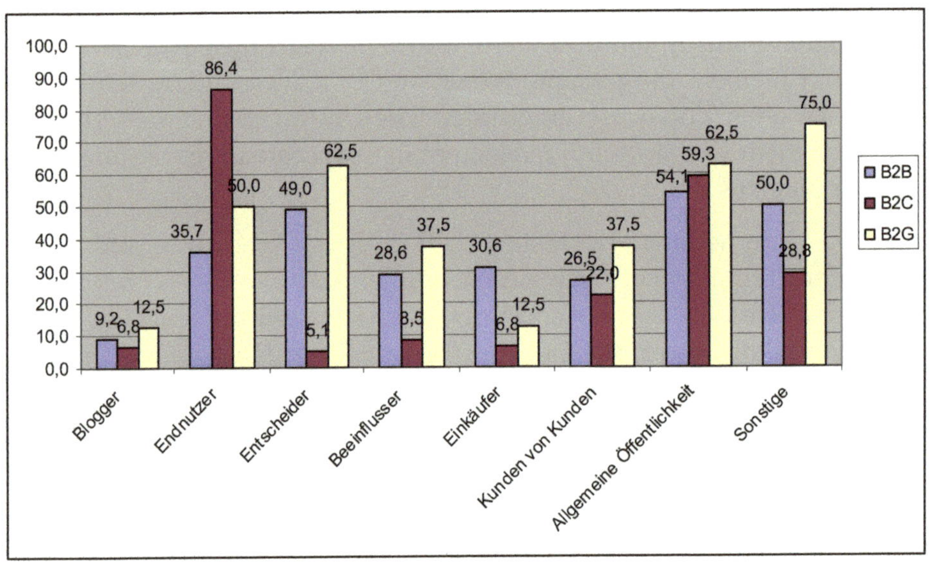

Abbildung 22: Zielgruppen nach Tätigkeitsbereich[123]

5.3.4. Strategie

Wie bei jeder anderen Aktivität im Marketing, ist auch für den erfolgreichen Einsatz von Social Media eine gut durchdachte Strategie unabdingbar. Durch die relative Neuheit des Themas und fehlendes Know-how in den Unternehmen, wird jedoch oft einfach losgelegt, ohne sich vorher über die Ziele, das Vorgehen und mögliche Risiken Gedanken zu machen[124]. Dies zeigt auch die vorliegende Untersuchung. Wie in Abbildung 23 zu sehen, verfügen zwei Drittel der befragten Unternehmen derzeit über keine Social Media Strategie.

---

[123] Eigene Darstellung.
[124] Vgl. Bernecker/Beilharz (2012), S. 35.

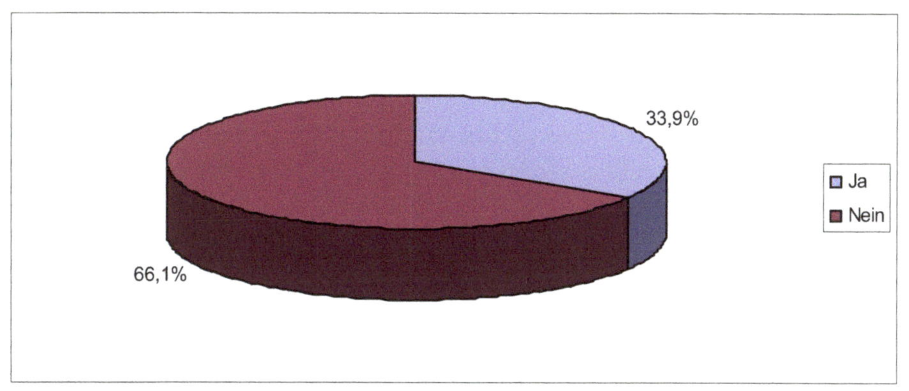

Abbildung 23: Vorhandensein einer Social Media Strategie[125]

68,3 Prozent dieser Firmen möchten das jedoch innerhalb der nächsten ein bis drei Jahre ändern und planen die Ausarbeitung einer Social Media Strategie.

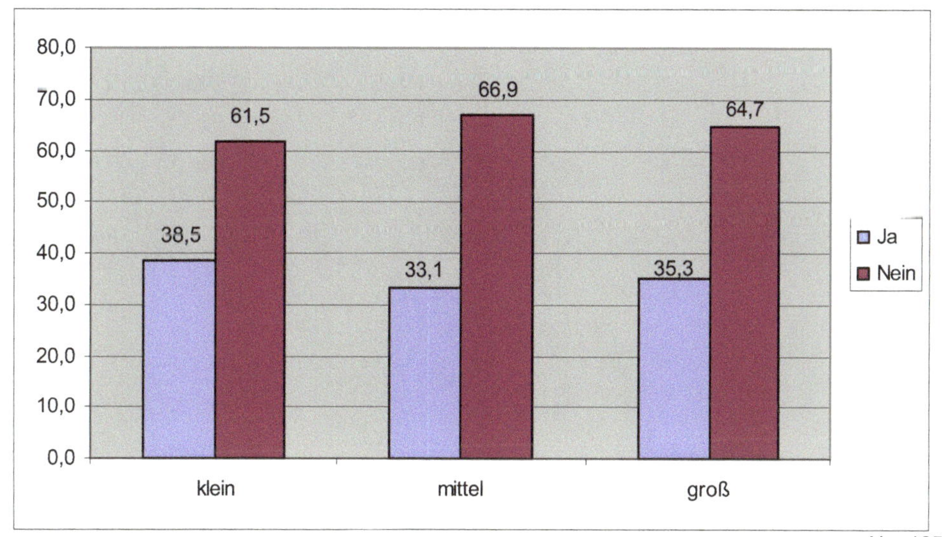

Abbildung 24: Vorhandensein einer Social Media Strategie nach Unternehmensgröße[126]

---

[125] Eigene Darstellung.
[126] Eigene Darstellung.

Wie Abbildung 24 zeigt, scheinen kleine Unternehmen dem Thema am meisten Bedeutung beizumessen. 38,5 Prozent können bereits eine Social Media Strategie vorweisen. Bei mittleren Unternehmen sind es lediglich 33,1 Prozent, bei großen 35,3 Prozent. Ein signifikanter Zusammenhang konnte allerdings nicht festgestellt werden (Chi-Quadrat-Test: Asymptotische Signifikanz (2-seitig) = 0,910).

Bezogen auf den Tätigkeitsbereich haben, wie in Abbildung 25 zu sehen, B2C Unternehmen die Nase vorne. 39 Prozent können bereits eine Social Media Strategie vorweisen. Im B2G-Bereich sind es 37,5 Prozent, im B2B haben sich 30,6 Prozent schon mit dem Thema beschäftigt und eine Strategie erarbeitet. Ein signifikanter Zusammenhang konnte jedoch auch hier nicht identifiziert werden (Chi-Quadrat-Test: Asymptotische Signifikanz (2-seitig) = 0,549).

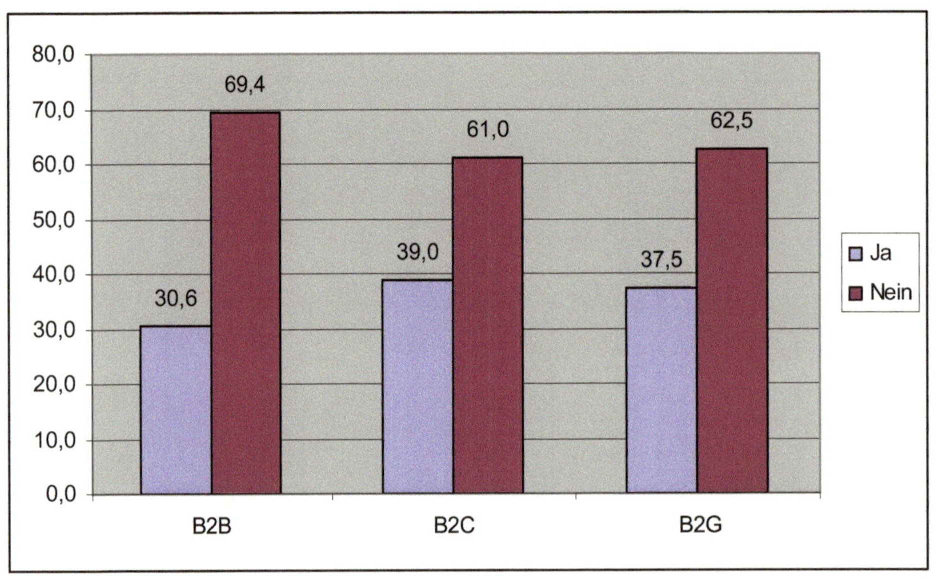

Abbildung 25: Vorhandensein einer Social Media Strategie nach Tätigkeitsbereich[127]

Einen Nachholbedarf haben vor allem Unternehmen aus dem B2G-Bereich erkannt. Alle Umfrageteilnehmer, die derzeit keine Social Media

---

[127] Eigene Darstellung.

Strategie vorweisen können, gaben an, dies innerhalb der nächsten ein bis drei Jahre ändern zu wollen. Im B2C-Bereich sind es 76,5 Prozent der Unternehmen, im B2B 60,5 Prozent.

5.3.5. Ressourcen

Bereits neun von zehn der befragten Unternehmen (90,3 Prozent), die Social Media in ihrer Marketingkommunikation einsetzen, beschäftigen eigens Mitarbeiter, die sich intern um die Aktivitäten im Social Web kümmern.

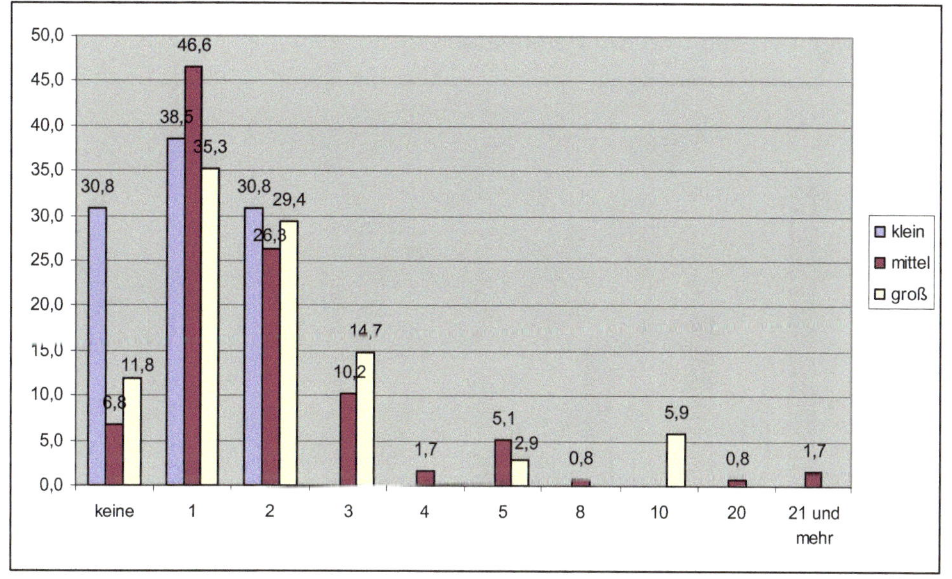

Abbildung 26: Mitarbeiter für Social Media nach Unternehmensgröße[128]

Vor allem kleine Unternehmen haben jedoch noch keine personellen Ressourcen (30,8 Prozent) für die Betreuung von Social Media. Im Durchschnitt werden in den befragten Unternehmen zwei Mitarbeiter eingesetzt, die Anzahl der Personen variiert allerdings je nach Unternehmensgröße. 38,5 Prozent der kleinen Unternehmen setzen nur einen Mitarbeiter ein, wohingegen sich in mittleren und großen Betrieben teilweise auch drei Personen und

---

[128] Eigene Darstellung.

mehr den Aufgaben im Bereich Social Media widmen, wie Abbildung 26 zeigt.

Durchschnittlich wenden alle dafür eingesetzten Mitarbeiter zusammen wöchentlich etwa 9,33 Stunden für soziale Medien auf. Wie in Abbildung 27 zu sehen, ist organisatorisch in den meisten Fällen die Marketingabteilung für die operative Umsetzung der Social Media Aktivitäten zuständig. An zweiter Stelle folgt die Abteilung Public Relations/Kommunikation. Vor allem in kleinen und mittleren Unternehmen liegt die Verantwortung direkt bei der Geschäftsführung. Kaum für die Aktivitäten im Social Web zuständig sind der Vertrieb und die Personalabteilung.

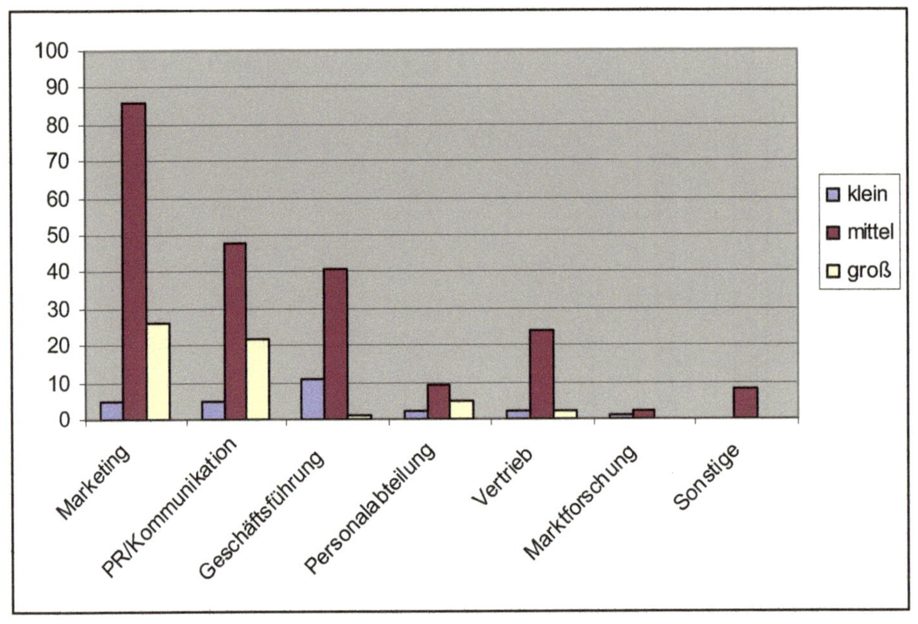

Abbildung 27: Zuständigkeit Abteilung nach Unternehmensgröße[129]

Eine mögliche Alternative, um Social Media Projekte trotz fehlender interner Ressourcen umzusetzen, ist die Beauftragung von externen Dienstleistern. 25 Prozent der befragten Unternehmen haben diese Variante schon einmal in Anspruch genommen.

---

[129] Eigene Darstellung.

5.3.6. Schulungen und Richtlinien

Selbst wenn ein Unternehmen sich nicht im Social Web engagiert, ist es von zentraler Bedeutung, dass die Mitarbeiter im Umgang mit sozialen Medien geschult sind und klare Richtlinien bezüglich des richtigen Verhaltens auf Social Media Plattformen aufgestellt werden. Andernfalls kann trotz gut gemeinter Interaktion das Firmenimage nachhaltig geschädigt werden, wenn Mitarbeiter im Social Web beispielsweise unangemessen auf Kritik reagieren oder versehentlich vertrauliche Informationen veröffentlichen. Sogenannte Social Media Guidelines, die „sowohl die allgemeine Strategie des Unternehmens im Web 2.0 als auch konkrete Handlungsanweisungen für die Mitarbeiter"[130] definieren, sind daher unerlässlich und sollten bereits vor dem Start ins Social Media Marketing, z.B. im Rahmen einer Betriebsvereinbarung, erstellt werden[131]. In diesem Bereich scheint es jedoch noch einen großen Nachholbedarf zu geben. Wie Abbildung 28 zeigt, verfügen lediglich 27,4 Prozent der befragten Unternehmen, die sich bereits im Social Web engagieren, über interne Social Media Richtlinien.

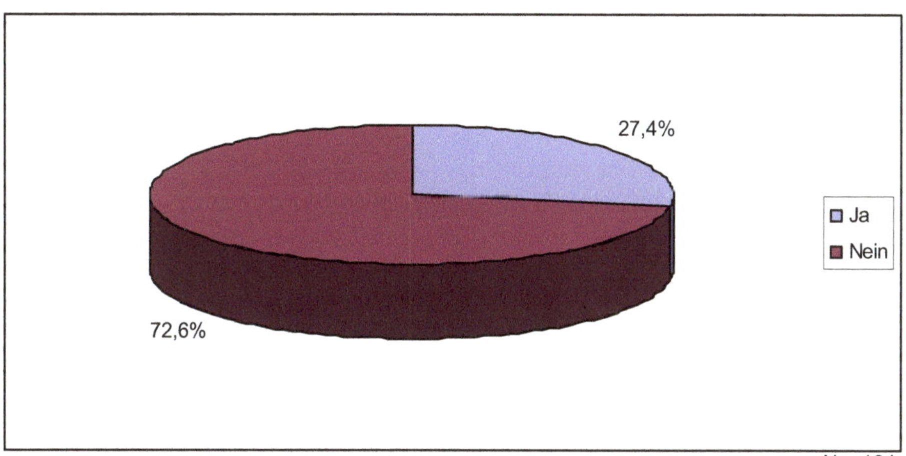

Abbildung 28: Vorhandensein Social Media Guidelines[132]

---

130 Bernecker/Beilharz (2012), S. 75.
131 Vgl. ebd. S. 74 f.
132 Eigene Darstellung.

Weiterbildungen und Workshops für die Mitarbeiter sind ebenfalls eher noch eine Seltenheit. Nicht einmal zwei von zehn Unternehmen (16 Prozent) bieten den Beschäftigten Schulungsmaßnahmen für Social Media an.

5.3.7. Monitoring

Unter Social Media Monitoring versteht man „die ständige Überwachung von Erwähnungen [des] Unternehmensnamens und [der] Marken sowie die Beobachtung von Gesprächen"[133] der relevanten Zielgruppen. Oft wird synonym dazu der Begriff Erfolgsmessung verwendet, was allerdings nicht ganz richtig ist, da diese über die reine Beobachtung hinausgeht. Bei der Erfolgsmessung kommen Kennzahlen, Analysetools und Soll/Ist-Vergleiche zum Einsatz, um zu kontrollieren, inwieweit in der Social Media Strategie verankerte Ziele bereits erreicht wurden[134]. Die Übergänge zwischen Monitoring und Erfolgsmessung sind jedoch fließend und für die Praxis ist das Ziehen der richtigen Schlüsse aus den Ergebnissen weitaus wichtiger, als genaue Definitionen[135]. Aus diesem Grund findet nachfolgend keine Unterscheidung zwischen den beiden Begriffen statt.

44,8 Prozent der befragten Unternehmen, die Social Media einsetzen, betreiben auch ein Monitoring ihrer Aktivitäten. Unterschiede zwischen den Tätigkeitsbereichen gibt es dabei kaum. Wie in Abbildung 29 zu sehen, übernehmen Unternehmen aus dem B2G-Bereich jedoch eine leichte Vorreiterrolle. Dort setzt bereits jedes zweite Unternehmen Social Media Monitoring ein. Im B2B-Sektor sind es 46,4 Prozent und im B2C-Bereich 40,7 Prozent.

Die Untersuchung zeigt außerdem einen signifikanten Zusammenhang zwischen dem Vorhandensein einer Social Media Strategie und dem Einsatz von Social Media Monitoring (Chi-Quadrat-Test: Asymptotische Signifikanz (2-seitig) = 0,000). In 66,1 Prozent der Unternehmen, die über eine Social Media Strategie verfügen, findet bereits ein Monitoring der Aktivitäten statt, wohingegen dies bei Firmen ohne Strategie nur bei einem Drittel der Fall ist. Eine Erklärung für diesen Zusammenhang könnte sein, dass Unternehmen,

---

[133] Beilharz (2014), S. 133.
[134] Vgl. ebd., S. 134.
[135] Vgl. ebd., S. 345 f.

denen eine Social Media Strategie vorliegt, in dieser üblicherweise auch Ziele festgelegt haben, um zu definieren, was sie mit ihren Aktivitäten im Social Web erreichen möchten. Durch ein regelmäßiges Monitoring lässt sich deren Erreichung überprüfen und es können, falls nötig, Anpassungen in der Strategie vorgenommen werden.

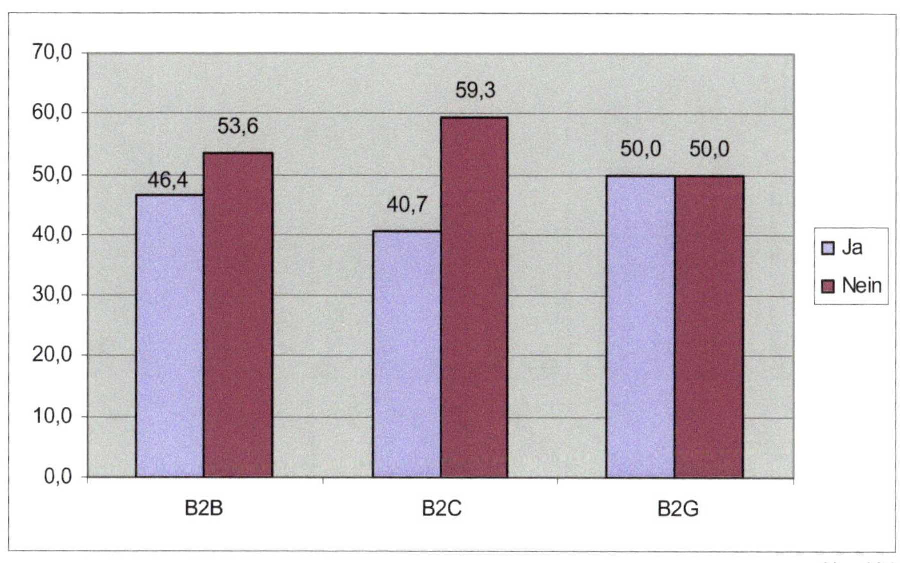

Abbildung 29: Social Media Monitoring nach Tätigkeitsbereich[136]

Zur Aus- und Bewertung von Monitoringergebnissen gibt es im Social Media Marketing, wie im klassischen Marketing auch, entsprechende Kennzahlen[137]. Zu den bekanntesten und am häufigsten genutzten Key Performance Indikatoren (KPIs) zählen beispielsweise Audience Engagement (Anteil der Nutzer, die sich durch Kommentare und Verlinkungen aktiv an Diskussionen beteiligen), Share of Voice (Verhältnis zwischen der Anzahl der Nennungen über die eigene Marke im Social Web und der Anzahl der Gesamtnennungen)[138] und Sentiment Ratio (Anteil der positiven/negativen/neutralen Äußerungen über ein konkretes Produkt oder

---

[136] Eigene Darstellung.
[137] Vgl. Weinberg u.a. (2012), S. 54.
[138] Vgl. Dimitrova u.a. (2010), S. 33.

einen Service in einem bestimmten Zeitraum)[139]. Wie Abbildung 30 zeigt, nutzen die befragten Unternehmen je nach Tätigkeitsbereich unterschiedliche Kennzahlen.

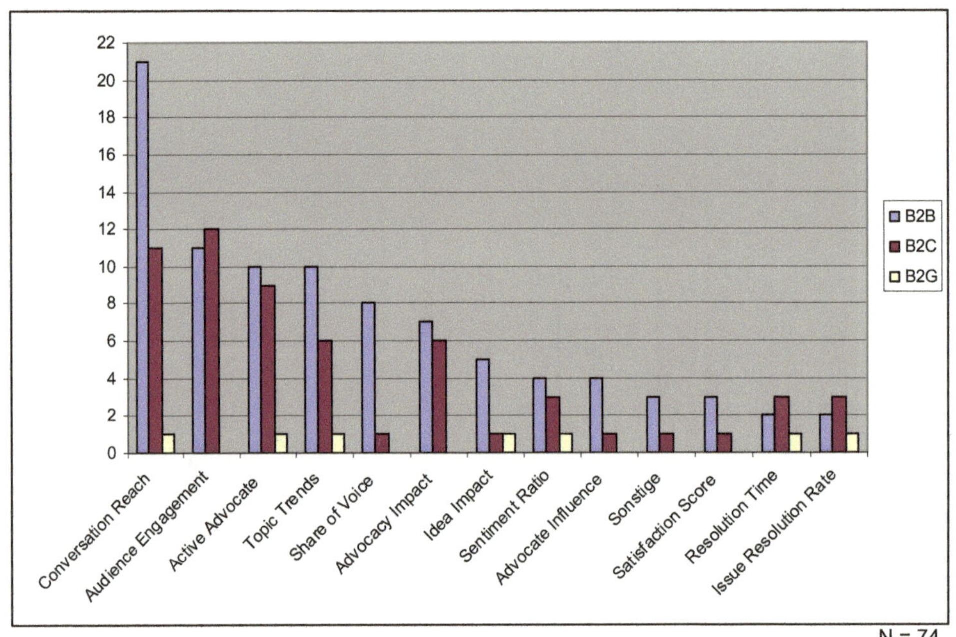

Abbildung 30: Key Performance Indikatoren nach Tätigkeitsbereich[140]

Im B2B-Bereich liegt die Conversation Reach mit 21 von 45 möglichen Nennungen ganz vorne, gefolgt von Audience Engagement mit elf, Active Advocate und Topic Trends mit je zehn, Share of Voice mit acht und Advocacy Impact mit sieben Nennungen. Jedes zweite Unternehmen aus dem B2C-Sektor setzt im Social Media Monitoring unter anderem auf Audience Engagement. Knapp dahinter folgt Conversation Reach mit elf von 24 möglichen Nennungen. In neun Unternehmen werden die Monitoringergebnisse mitunter an der Kennzahl Active Advocate gemessen. Advocacy Impact und Topic Trends finden in jeweils sechs Unternehmen Verwendung. Im B2G-Bereich liegen die Kennzahlen Conversation Reach, Active Advocate, Topic Trends, Idea Impact, Sentiment Ratio, Resolution Time und Issue Resolution

---

[139] Vgl. Dimitrova u.a. (2010), S. 36.
[140] Eigene Darstellung.

Rate gleichauf. Sie wurden von den befragten Unternehmen jeweils einmal genannt.

Um aussagekräftige Ergebnisse zu erzielen, ist es wichtig, die definierten Kennzahlen regelmäßig zu erfassen. Wie die Untersuchung zeigt, muss der zeitliche Aufwand dabei nicht groß sein. In den befragten Unternehmen aus dem B2G- und B2B-Bereich wenden alle damit betrauten Mitarbeiter zusammen wöchentlich durchschnittlich zwei Stunden für das Social Media Monitoring auf. Im B2C-Bereich ist es sogar nur eine Stunde. Verglichen mit den Ergebnissen aus Kapitel 5.3.5. entspricht dies etwa einem Fünftel der von allen dafür zuständigen Mitarbeitern wöchentlich für soziale Medien eingesetzten Zeit. Mittlerweile gibt es zahlreiche Tools zur automatischen Erfassung und Auswertung der relevanten KPIs, so dass sich der Zeitaufwand in Zukunft noch weiter reduzieren dürfte.

5.3.8. Erfolg

Welche Faktoren sind wichtig für den Erfolg von Social Media in der Marketingkommunikation? Generell erachten die befragten Unternehmen einen interessanten Inhalt als entscheidend. Auf einer fünfstufigen Ratingskala von *1 = überhaupt nicht wichtig* bis *5 = sehr wichtig* bewerteten sie diesen Aspekt mit durchschnittlich 4,37 Punkten. Ehrlichkeit, schnelle Reaktion auf Kundenfeedback und Authentizität sehen die Umfrageteilnehmer als weitere Erfolgsfaktoren. Interessanterweise sind die Bewertungen aus den einzelnen Sektoren ziemlich ähnlich, wie Abbildung 31 zeigt. Ein interessanter Inhalt sowie schnelle Reaktion auf Kundenfeedback, Authentizität und Ehrlichkeit sehen Unternehmen aus dem B2B-Bereich noch vor Zielgruppenansprache, Klarheit und Verbindlichkeit sowie Regelmäßigkeit, die sie aber dennoch als wichtige Erfolgsfaktoren einstufen. Emotionalität erachten sie mit 3,52 von 5 möglichen Punkten nur als teilweise wichtig. Im B2C-Bereich sieht das schon anders aus. Emotionalität wird dort mit einer durchschnittlichen Bewertung von 3,96 Punkten durchaus als wichtig angesehen. Ganz vorne steht allerdings Ehrlichkeit mit 4,55 Punkten, gefolgt wiederum von interessantem Inhalt und Authentizität. Die Einschätzung der befragten Unternehmen aus dem B2G-Bereich ähnelt der Bewertung der Teilnehmer aus dem B2B-Sektor. Ein interessanter Inhalt, Ehrlichkeit, schnelle Reaktion auf Kundenfeedback und Zielgruppenansprache werden bedeutend wichtiger eingestuft als Sachlichkeit und Emotionalität. Von allen Bereichen als wichtig erachtet werden regelmäßige Aktivitäten im Social Web sowie Klarheit und Verbindlichkeit.

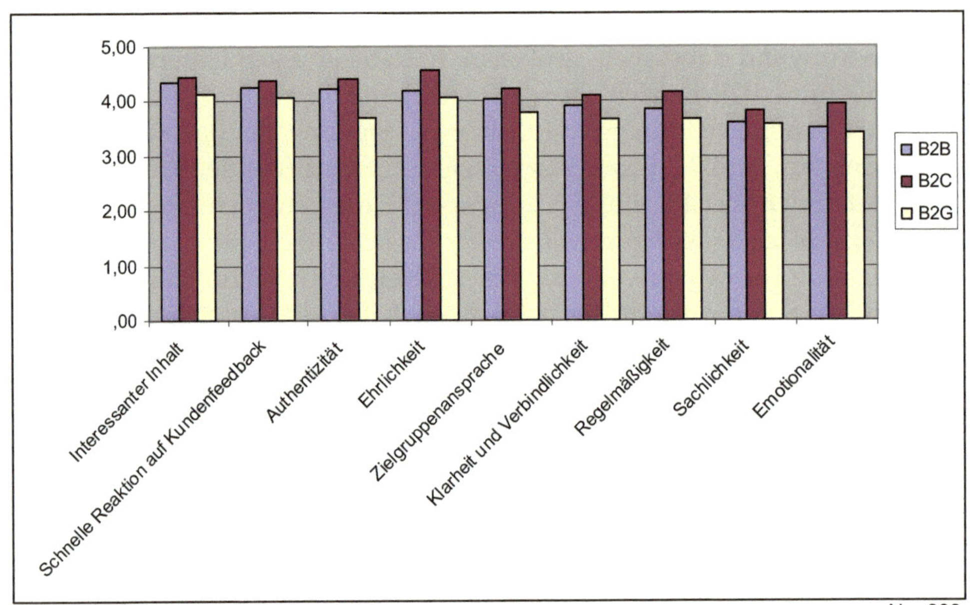

Abbildung 31: Faktoren für den Erfolg von Social Media nach Tätigkeitsbereich[141]

Sehr positiv fallen die Einschätzungen der befragten Unternehmen zum Erfolg ihrer Social Media Aktivitäten aus. Wie in Abbildung 32 zu sehen, sind 41,3 Prozent der B2B Unternehmen der Meinung, dass sich ihre bisherigen Aktivitäten im Social Web bezahlt gemacht haben. Im B2C-Bereich sind es 53,6 Prozent und von den befragten B2G Unternehmen gaben sogar 57,1 Prozent an, dass sich ihr Engagement in sozialen Medien bisher eher gelohnt habe. Kaum gelohnt haben sich die Aktivitäten für 19,6 Prozent der Firmen aus dem B2B-Bereich und 8,9 Prozent aus dem B2C-Sektor. Lediglich für 5,2 Prozent im B2B- und 1,8 Prozent im B2C-Bereich haben sich die Social Media Maßnahmen gar nicht gelohnt. Interessanterweise handelt es sich dabei zum Großteil um Unternehmen, die derzeit über keine Social Media Strategie verfügen. Die Vermutung liegt daher nahe, dass es sich nur um einen ver-

---

[141] Eigene Darstellung.

72

meintlichen Misserfolg handelt, da ohne konkrete Ziele die Basis fehlt, um messen zu können, ob die Aktivitäten im Social Web erfolgreich sind oder gegebenenfalls sogar besser eingestellt werden sollten.

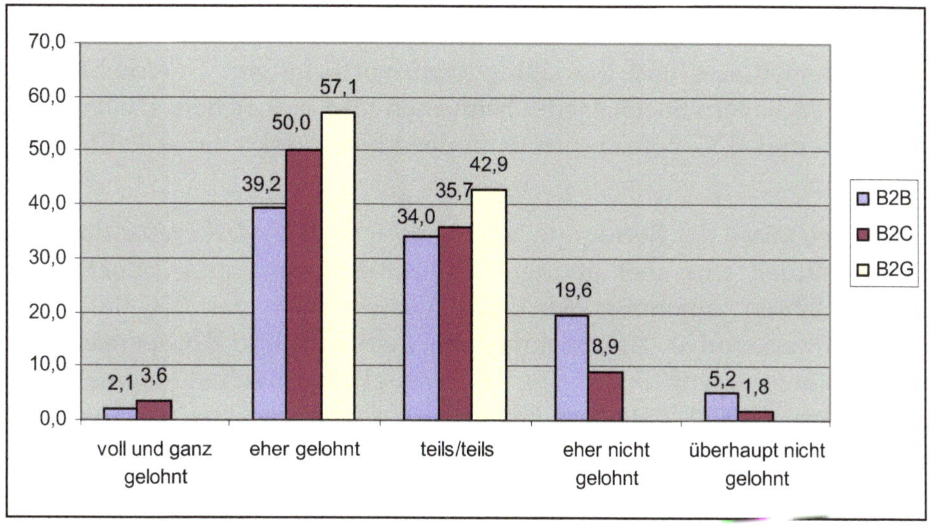

Abbildung 32: Erfolg von Social Media Aktivitäten nach Tätigkeitsbereich[142]

---

[142] Eigene Darstellung.

6. Fazit und Ausblick

Ziel war es, anhand einer empirischen Untersuchung Erkenntnisse aus der Praxis zu gewinnen und herauszufinden, welche Bedeutung Geschäftsführer und Marketingverantwortliche von Unternehmen mit Hauptsitz in Bayern Social Media beimessen und in welchem Umfang es im B2B-, B2C- und B2G-Bereich bereits in der Marketingkommunikation eingesetzt wird.

Die Ergebnisse der Befragung zeigen, dass soziale Medien für die Unternehmen aktuell eine eher geringe Bedeutung haben, diese jedoch in den nächsten Jahren zunehmen wird. Die Vorreiterrolle des B2C-Bereichs ist kaum mehr erkennbar. Unternehmen aus dem B2B- und B2G-Bereich haben bei der Nutzung von Social Media inzwischen aufgeholt. Ingesamt sind dennoch lediglich 48,7 Prozent bereits im Social Web aktiv. Der Anteil der Nichtnutzer ist dabei vor allem bei kleinen Betrieben sehr hoch, wobei fehlende Ressourcen nicht den Hauptgrund darstellen, sondern Nichterreichbarkeit der Zielgruppe/n und eine für Social Media unpassende Unternehmenskultur. Mit der Präsenz in sozialen Medien verfolgen die Umfrageteilnehmer vor allem das Ziel, die Bekanntheit des Unternehmens und der Marke zu steigern. Dabei sind alle Bereiche derzeit vorrangig in sozialen Netzwerken aktiv und werden dies auch in den nächsten Jahren bleiben. B2B und B2G Unternehmen möchten in Social Media vor allem die allgemeine Öffentlichkeit und Entscheider erreichen, während für Firmen aus dem B2C-Bereich die Endnutzer an erster Stelle stehen. Ihre Ziele haben erst 33,9 Prozent der befragten Unternehmen in einer Social Media Strategie festgehalten. 68,3 Prozent sind sich jedoch der Bedeutung bewusst und möchten in den nächsten ein bis drei Jahren eine Strategie ausarbeiten. Für die Betreuung der Social Media Aktivitäten beschäftigen bereits neun von zehn Unternehmen spezielle Mitarbeiter, die in den meisten Fällen organisatorisch der Marketingabteilung zugeordnet sind. Großen Nachholbedarf gibt es noch beim Thema Social Media Richtlinien und Weiterbildungen für die Mitarbeiter. Lediglich 27,4 Prozent der befragten Unternehmen, die sich bereits im Social Web engagieren, verfügen über interne Guidelines. Fast jedes zweite Unternehmen, das Social Media einsetzt, betreibt auch ein Monitoring der Aktivitäten. Die am häufigsten eingesetzte Kennzahl zur Messung der Monitoringergebnisse ist im B2B- und B2G-Bereich die Conversation Reach. Im B2C-Sektor setzen 50 Prozent auf das Audience Engagement. Der Zeitaufwand für das Monitoring beschränkt sich dabei für alle damit betrauten Mitarbeiter zusammen auf durchschnittlich zwei Stunden pro Woche. Insgesamt wurden die Erwartungen an Social Media nicht enttäuscht. 41,3 Prozent der B2B Unternehmen sind der Meinung, dass sich ihre bisherigen Aktivitäten im Social Web bezahlt gemacht haben. Im B2B-Bereich sind es 53,6 Prozent und von den befragten B2G Unternehmen gaben sogar 57,1 Prozent an, dass sich ihr Engagement in sozialen Medien bisher eher gelohnt habe.

Wie es mit dem Social Web weitergeht und wie sich die verschiedenen Kanäle entwickeln, ob bekannte verschwinden und neue hinzukommen werden, ist schwer abzuschätzen. Durch die wachsende Nutzung sozialer Medien, professionalisiert sich jedoch die Beratung, Strategie und Umsetzung immer mehr, so dass Unternehmen, die sich auf den Wandel einlassen und bereit sind, auch ihre Unternehmenskultur anzupassen gute Chancen haben, Social Media erfolgreich in ihrer Marketingkommunikation einzusetzen.

Anhang

Anlage 1: Suchstrategie Grundgesamtheit[143]

SUCHSTRATEGIE		Speichern	Drucken	Alle Schritte löschen
			Schrittergebnis	Suchergebnis
X ☑ 1. Hauptsitze			1,425,592	1,425,592
X ☑ 2. Alle Unternehmen mit Web Adresse			3,501,075	462,454
X ☑ 3. Status: Aktiv Unternehmen			19,008,519	453,021
X ☑ 4. Anzahl der Mitarbeiter: Letztes verfügbares Jahr, min=1			8,945,230	302,775
X ☑ 5. Nationale Rechtsform: Deutschland (Deutschland)			1,502,052	42,853
X ☑ 6. Region/Land/Region in Land: Mittelfranken (Deutschland), Niederbayern (Deutschland), Oberbayern (Deutschland), Oberfranken (Deutschland), Oberpfalz (Deutschland), ...			267,692	7,220
Bool'sche Suche	1 Und 2 Und 3 Und 4 Und 5 Und 6	Aktualisieren		Gesamt : 7,220

Anlage 2: Fragebogen

Landing-Page der Umfrage:

Bedeutung und Nutzung von Social Media in der Marketingkommunikation bayerischer Unternehmen

Sehr geehrte Teilnehmerin, sehr geehrter Teilnehmer,

vielen Dank, dass Sie sich die Zeit nehmen, um an dieser Befragung teilzunehmen.

Im Rahmen meiner Bachelorarbeit im Schwerpunkt strategisches Management und marktorientierte Unternehmensführung am Institut für Marktforschung der Hochschule für angewandtes Management Erding führe ich eine empirische Untersuchung zum Thema **„Bedeutung und Nutzung von Social Media in der Marketingkommunikation bayerischer Unternehmen"** durch.

Die Beantwortung des Fragebogens wird etwa 8 bis 10 Minuten in Anspruch nehmen.

Selbstverständlich werden Ihre Antworten anonymisiert und vertraulich behandelt. Ihre Angaben werden ausschließlich zu wissenschaftlichen Forschungszwecken verwendet und nicht an Dritte weitergegeben. Die Ergebnisse werden nur zusammengefasst ausgewertet. Eine Zuordnung der Daten zu einzelnen Unternehmen oder Personen ist nicht möglich.

Bitte beantworten Sie alle Fragen, damit die statistische Auswertung korrekt erfolgen kann. Durch Klicken auf "Fragebogen jetzt absenden" am Ende der letzten Seite beenden Sie die

---

[143] Bureau van Dijk Electronic Publishing GmbH (2014b).

Umfrage und die Daten werden übertragen.

Bei Interesse an den Ergebnissen der Befragung haben Sie im Anschluss die Möglichkeit
eine Email-Adresse anzugeben, an die Ihnen nach Auswertung der Studie eine kurze Zusammenfassung der Ergebnisse geschickt wird. Anschließend wird die angegebene Email-
Adresse gelöscht.

Ich bedanke mich schon im Voraus ganz herzlich für Ihre Unterstützung. Durch Ihre Antworten leisten Sie einen wertvollen Beitrag zur Verbesserung der Marketingkommunikation von
Unternehmen.

Freundliche Grüße,
Cornelia Münch

Bei Fragen oder Hinweisen können Sie sich jederzeit gerne an mich wenden:
Cornelia.Muench@edu.fham.de

Seite 1 der Umfrage:

**Bitte beantworten Sie zunächst ein paar allgemeine Fragen zu Ihrem Unterneh-
men. Diese dienen der Sicherstellung, dass Ihr Unternehmen zur relevanten Zielgruppe der Befragung gehört. Sollte dies nicht der Fall sein, werden Sie danach
automatisch zum Ende des Fragebogens weitergeleitet.**

**1) In welchem Bereich ist Ihr Unternehmen überwiegend tätig? (Pflicht-
frage)**

- Business-to-Business (Ihre Kunden sind vorwiegend andere
  Unternehmen)

- Business-to-Consumer (Ihre Kunden sind vorwiegend Privatpersonen)

- Business-to-Government (Ihre Kunden sind vorwiegend Behörden
  und andere staatliche Einrichtungen)

2) Welcher Branche ist Ihr Unternehmen zuzuordnen? (Pflichtfrage)

- Automobil- / Fahrzeugindustrie
- Ämter / Behörden / öffentl. Einrichtungen
- Bauindustrie / Immobiliengewerbe
- Beratung
- Chemie / Pharma / Medizin / Gesundheit
- Dienstleistungen
- Einzelhandel
- Elektrotechnik
- Energie / Versorgung
- Finanzen / Versicherung
- Großhandel
- IT / Telekommunikation
- Land- / Forstwirtschaft / Fischerei
- Maschinen- / Anlagenbau
- Medien / Verlage
- Nahrungs- / Genussmittel
- Rohstoffe / Werkstoffe
- Tourismus / Freizeit / Kultur
- Verkehr / Transport / Logistik
- Sonstiges, und zwar

3) Wo befindet sich der Hauptsitz Ihres Unternehmens? (Pflichtfrage)

- Oberbayern
- Niederbayern

☐ Oberpfalz

☐ Oberfranken

☐ Mittelfranken

☐ Unterfranken

☐ Schwaben

☐ außerhalb Bayerns **Sprung** -> "Vielen Dank für Ihre..."

4) Wie viele Mitarbeiter sind derzeit in Ihrem Unternehmen insgesamt (an allen Standorten zusammen) beschäftigt? (Pflichtfrage)

☐ bis 9

☐ 10 - 49

☐ 50 - 99

☐ 100 - 149

☐ 150 - 199

☐ 200 - 249

☐ 250 - 299

☐ 300 - 399

☐ 400 - 499

☐ 500 - 999

☐ 1.000 - 1.999

☐ 2.000 - 4.999

☐ 5.000 - 9.999

☐ mehr als 9.999

5) Welchen Umsatz erzielte Ihr Unternehmen im letzten Geschäftsjahr? (Pflichtfrage)

- bis 1 Mio. Euro

- bis 2 Mio. Euro

- bis 5 Mio. Euro

- bis 10 Mio. Euro

- bis 25 Mio. Euro

- bis 50 Mio. Euro

- bis 100 Mio. Euro

- bis 250 Mio. Euro

- bis 500 Mio. Euro

- bis 1 Mrd. Euro

- bis 5 Mrd. Euro

- mehr als 5 Mrd. Euro

Seite 2 der Umfrage:

6) Wie intensiv nutzen Sie persönlich Social Media (z.B. soziale Netzwerke, Foren, Blogs, Video-, Fotoportale, Wikis, Bookmarks, etc.) im privaten Bereich?

- gar nicht

- sehr selten

- selten

- manchmal

- oft

- sehr oft

7) Wie häufig nutzen Sie persönlich Social Media (z.B. soziale Netzwerke, Foren, Blogs, Video-, Fotoportale, Wikis, Bookmarks, etc.) für berufliche Zwecke (z.B. neue Marktentwicklungen, aktuelle Produktinformationen, Ausschreibungen, etc.)?

- ☐ gar nicht
- ☐ sehr selten
- ☐ selten
- ☐ manchmal
- ☐ oft
- ☐ sehr oft

Seite 4 der Umfrage:

8) Inwieweit stimmen Sie den nachfolgenden Aussagen zu?

1 = stimme voll und ganz zu, 5 = stimme überhaupt nicht zu

	1	2	3	4	5
Das Thema Social Media hat für unser Unternehmen aktuell eine sehr große Bedeutung.	☐	☐	☐	☐	☐
In den nächsten 12 Monaten wird das Thema Social Media für unser Unternehmen an Bedeutung zunehmen.	☐	☐	☐	☐	☐
Vor einem Jahr haben wir uns deutlich weniger mit dem Thema Social Media beschäftigt als heute.	☐	☐	☐	☐	☐
In den nächsten 12 Monaten wird das Thema Social Media für unser Unternehmen an Bedeutung verlieren.	☐	☐	☐	☐	☐

9) Führt Ihr Unternehmen derzeit irgendwelche Social Media Aktivitäten (z.B. Bearbeitung von Blogs, Foren, Wikis, Einrichtung von Kunden-Communities, Profile in sozialen Netzwerken, Twitter-Accounts, Videoka-näle, etc.) durch? (Pflichtfrage)

▢   Ja. **Sprung** -> "An welche Zielgruppe..."

▢   Nein. **Sprung** -> "Inwieweit treffen di..."

Seite 6 der Umfrage:

10) Inwieweit treffen die nachfolgenden Aussagen auf Ihr Unternehmen zu? Wir sind derzeit nicht im Social Web aktiv, weil...

1 = trifft voll und ganz zu, 5 = trifft überhaupt nicht zu

	1	2	3	4	5
... dafür keine Ressourcen (z.B. Budget, Personal) zur Verfügung stehen.	▢	▢	▢	▢	▢
... rechtliche Unsicherheiten (z.B. Datenschutz, Ur-heberrecht etc.) bestehen.	▢	▢	▢	▢	▢
... intern Widerstände (z.B. der Geschäftsleitung) vorhanden sind.	▢	▢	▢	▢	▢
... es uns an entsprechendem Know-how fehlt.	▢	▢	▢	▢	▢
... unsere Zielgruppe/n nicht über Social Media er-reichbar ist/sind.	▢	▢	▢	▢	▢
... Bedenken wegen Kontrollverlust und negativer Publicity bestehen.	▢	▢	▢	▢	▢
... dies nicht zu unserer Unternehmenskultur passt.	▢	▢	▢	▢	▢

11) An welche Zielgruppe/n richten sich Ihre Social Media Aktivitäten schwerpunktmäßig?

(Mehrfachnennungen sind möglich)

- ☐ Blogger
- ☐ Endnutzer
- ☐ Entscheider
- ☐ Beeinflusser
- ☐ Einkäufer
- ☐ Kunden Ihrer Kunden
- ☐ Allgemeine Öffentlichkeit
- ☐ Sonstige, und zwar

Seite 8 der Umfrage:

12) Wie wichtig sind aus Ihrer Sicht die folgenden Social Media Kanäle für Unternehmen wie das Ihrige?

1 = sehr wichtig, 5 = überhaupt nicht wichtig

	1	2	3	4	5	Weiß nicht
Soziale Netzwerke (z.B. Facebook, XING, LinkedIn)	☐	☐	☐	☐	☐	☐
Corporate Blogs	☐	☐	☐	☐	☐	☐
Micro Blogging (z.B. Twitter)	☐	☐	☐	☐	☐	☐
Social Bookmarking (z.B. Google Bookmarks)	☐	☐	☐	☐	☐	☐

Branchenportale   ☐   ☐   ☐   ☐   ☐ | ☐

Fachforen   ☐   ☐   ☐   ☐   ☐ | ☐

Videoportale (z.B. YouTube)   ☐   ☐   ☐   ☐   ☐ | ☐

Fotoportale (z.B. flickr)   ☐   ☐   ☐   ☐   ☐ | ☐

Wikis (z.B. Wikipedia)   ☐   ☐   ☐   ☐   ☐ | ☐

Seite 9 der Umfrage:

13) Wie wichtig sind für Ihr Unternehmen die folgenden Gründe für den Einsatz von Social Media in Ihrer Marketingkommunikation?

1 = sehr wichtig, 5 = überhaupt nicht wichtig

	1	2	3	4	5
Steigerung der Bekanntheit der Marke / des Unternehmens	☐	☐	☐	☐	☐
Steigerung der Zugriffszahlen auf die Unternehmenswebsite	☐	☐	☐	☐	☐
Aufbau von Beziehungen zu Kunden	☐	☐	☐	☐	☐
Verbesserung der Suchmaschinenplatzierung	☐	☐	☐	☐	☐
Steuerung des Marken- / Unternehmensimages	☐	☐	☐	☐	☐
Positionierung als Meinungsführer und Experte	☐	☐	☐	☐	☐
Akquise neuer Kunden	☐	☐	☐	☐	☐
Marktforschung und Marktbeobachtung	☐	☐	☐	☐	☐
Nutzung des Kundenfeedbacks zur Weiter- und Neuentwicklung von Produkten / Dienstleistungen und Service	☐	☐	☐	☐	☐

14) Wie wichtig sind Ihrer Meinung nach folgende Faktoren für den Erfolg von Social Media in der Marketingkommunikation?

1 = überhaupt nicht wichtig, 5 = sehr wichtig

	1	2	3	4	5
Authentizität	☐	☐	☐	☐	☐
Regelmäßigkeit	☐	☐	☐	☐	☐
Sachlichkeit	☐	☐	☐	☐	☐
Ehrlichkeit	☐	☐	☐	☐	☐
Interessanter Inhalt	☐	☐	☐	☐	☐
Schnelle Reaktion auf Kundenfeedback	☐	☐	☐	☐	☐
Zielgruppenansprache	☐	☐	☐	☐	☐
Emotionalität	☐	☐	☐	☐	☐
Klare Aussagen mit verbindlichem Charakter	☐	☐	☐	☐	☐

Seite 11 der Umfrage:

15) In welchem Umfang verwenden Sie _derzeit_ nachfolgende Social Media Kanäle für Ihre Marketingkommunikation?

1 = sehr stark, 5 = überhaupt nicht

	1	2	3	4	5
Soziale Netzwerke (z.B. Facebook, XING, LinkedIn)	☐	☐	☐	☐	☐
Corporate Blogs	☐	☐	☐	☐	☐
Micro Blogs (z.B. Twitter)	☐	☐	☐	☐	☐

Social Bookmarking (z.B. Google Bookmarks)   ☐ ☐ ☐ ☐ ☐

Branchenportale   ☐ ☐ ☐ ☐ ☐

Fachforen   ☐ ☐ ☐ ☐ ☐

Videoportale (z.B. YouTube)   ☐ ☐ ☐ ☐ ☐

Fotoportale (z.B. flickr)   ☐ ☐ ☐ ☐ ☐

Wikis (z.B. Wikipedia)   ☐ ☐ ☐ ☐ ☐

Seite 12 der Umfrage:

16) In welchem Umfang werden Sie nachfolgende Social Media Kanäle voraussichtlich <u>in den nächsten 1 bis 3 Jahren</u> für Ihre Marketingkommunikation nutzen?

1 = sehr stark, 5 = überhaupt nicht

	1	2	3	4	5
Soziale Netzwerke (z.B. Facebook, XING, LinkedIn)	☐	☐	☐	☐	☐
Corporate Blogs	☐	☐	☐	☐	☐
Micro Blogs (z.B. Twitter)	☐	☐	☐	☐	☐
Social Bookmarkings (z.B. Google Bookmarks)	☐	☐	☐	☐	☐
Branchenportale	☐	☐	☐	☐	☐
Fachforen	☐	☐	☐	☐	☐
Videoportale (z.B. YouTube)	☐	☐	☐	☐	☐
Fotoportale (z.B. flickr)	☐	☐	☐	☐	☐
Wikis (z.B. Wikipedia)	☐	☐	☐	☐	☐

17) Welche/r Bereich/e in Ihrem Unternehmen ist/sind für die operative Umsetzung Ihrer Social Media Aktivitäten zuständig?

(Mehrfachnennungen sind möglich)

☐ Marketing

☐ PR/Kommunikation

☐ Geschäftsführung

☐ Personalabteilung

☐ Vertrieb

☐ Marktforschung

☐ Sonstige, und zwar

18) Wie viele Mitarbeiter setzt Ihr Unternehmen aktuell intern für Ihre Social Media Aktivitäten ein? (Pflichtfrage)

| Bitte auswählen ▼ |

19) Wie viel Zeit wenden alle dafür eingesetzten Mitarbeiter zusammen wöchentlich ungefähr für Social Media auf?

Bitte geben Sie die Zeit in vollen Stunden an: Stunde(n)

Seite 16 der Umfrage:

20) Gibt es in Ihrem Unternehmen derzeit interne Social Media Guidelines (= Richtlinien im Umgang mit Social Media) für die Mitarbeiter?

◻ Ja.

◻ Nein.

Seite 17 der Umfrage:

21) Bieten Sie in Ihrem Unternehmen derzeit Social Media Weiterbildungen und Workshops für die Mitarbeiter an?

◻ Ja.

◻ Nein.

Seite 18 der Umfrage:

22) Verfügt Ihr Unternehmen derzeit über eine Social Media Strategie?

◻ Ja. **Sprung** -> "Findet in Ihrem Unte..."

◻ Nein. **Sprung** -> "Wird es innerhalb de..."

Seite 19 der Umfrage:

23) Wird es innerhalb der nächsten 1 bis 3 Jahre eine Social Media Strategie für Ihr Unternehmen geben?

◻ Ja.

◻ Nein.

◻ Weiß nicht.

24) Findet in Ihrem Unternehmen derzeit ein Monitoring Ihrer Social Media Aktivitäten statt? (Pflichtfrage)

☐ Ja. **Sprung** -> "Welche Key Performan..."

☐ Nein. **Sprung** -> "Haben Sie bisher sch..."

Seite 21 der Umfrage:

25) Welche Key Performance Indikatoren verwenden Sie derzeit für das Monitoring Ihrer Social Media Aktivitäten?

(Mehrfachnennungen sind möglich)

☐ **Active Advocate** (Anzahl der Nutzer, die innerhalb einer bestimmten Zeit eine positive Meinung im Social Web generieren)

☐ **Advocacy Impact** (Wirkung eines positiven Beitrags auf die Meinungen anderer Internetnutzer)

☐ **Advocate Influence** (Einfluss der positiven Äußerung eines Social-Web-Nutzers oder des eigenen Werbeprogramms auf die Meinungsbildung anderer Online-Nutzer)

☐ **Audience Engagement** (Anteil der Nutzer, die sich an Diskussionen aktiv beteiligen)

☐ **Conversation Reach** (Anzahl der Nutzer, die sich über Marke, Produkt etc. im Social Web äußern)

☐ **Idea Impact** (Anteil der Interaktionen und positiven Meinungen, die durch ein neues Produkt oder eine neue Service-Idee entstanden sind)

☐ **Issue Resolution Rate** (Anteil der zufriedenstellend beantworteten Anfragen im Social Web)

☐ **Resolution Time** (Zeit in Minuten, Stunden oder Tagen, die notwendig ist, um auf eine Anfrage im Social Web zu antworten)

☐ **Satisfaction Score** (Relative Zufriedenheit der Zielgruppe im Social Web)

☐ **Sentiment Ratio** (Anteil der positiven/negativen/neutralen Äußerungen über ein konkretes Produkt oder einen Service in einem bestimmten Zeitraum)

☐ **Share of Voice** (Verhältnis zwischen der Anzahl der Nennungen über die eigene Marke im Social Web und der Anzahl der Gesamtnennungen)

☐ **Topic Trends**(Häufigste Gesprächsthemen)

☐ Sonstige, und zwar

Seite 22 der Umfrage:

26) Wie viel Zeit wenden alle damit betrauten Mitarbeiter zusammen wöchentlich ungefähr für das Social Media Monitoring auf?

Bitte auswählen ▼

Seite 23 der Umfrage:

27) Haben Sie bisher schon einmal die Vorbereitung/Durchführung und/oder das Monitoring von Social Media Aktivitäten an einen externen Dienstleister abgegeben?

☐ Ja.

☐ Nein.

Seite 24 der Umfrage:

28) Wie schätzen Sie, wird sich das Budget für Social Media in Ihrem Unternehmen im nächsten Geschäftsjahr entwickeln?

☐ stark steigen

☐ leicht steigen

☐ gleich bleiben

☐ leicht sinken

☐ stark sinken

29) Alles in allem: Haben sich Ihre Social Media Aktivitäten für Ihr Unternehmen bisher gelohnt?

☐ voll und ganz gelohnt

☐ eher gelohnt

☐ teils/teils

☐ eher nicht gelohnt

☐ überhaupt nicht gelohnt

Bitte beantworten Sie abschließend noch die nachfolgenden Fragen zu Ihrer Person.

30) Ihr Geschlecht

☐ Weiblich

☐ Männlich

31) Ihr Geburtsjahr im Format JJJJ

32) Ihr höchster erreichter Bildungsabschluss

☐ kein Abschluss

☐ Sonderschulabschluss

☐ Hauptschulabschluss (Volksschulabschluss)

- ☐ Realschulabschluss (Mittlere Reife)

- ☐ (Fach-)Abitur

- ☐ Hochschulabschluss

- ☐ Promotion

- ☐ Habilitation

- ☐ Sonstiges, und zwar

33) Welches ist Ihre berufliche Stellung im Unternehmen?

- ☐ Auszubildende/r

- ☐ Praktikant/in

- ☐ Arbeitnehmer/in ohne Budgetverantwortung

- ☐ Arbeitnehmer/in mit Budgetverantwortung

- ☐ Arbeitnehmer/in in Unternehmensleitung

- ☐ Inhaber/in

- ☐ Sonstiges, und zwar

Seite 27 der Umfrage:

Vielen Dank für Ihre Teilnahme. Sie können den Internet-Browser jetzt schließen.

Anlage 3: Begleitmail

Betreff: Abschlussarbeit an der Hochschule für angewandtes Management Erding: Umfrage zur Bedeutung und Nutzung von Social Media in der Marketingkommunikation bayerischer Unternehmen

An die Marketingverantwortlichen in Ihrem Unternehmen:

Sehr geehrte Damen und Herren,

im Rahmen meiner Bachelorarbeit am Institut für Marktforschung der Hochschule für angewandtes Management Erding führe ich eine empirische Untersuchung zum Thema **„Bedeutung und Nutzung von Social Media in der Marketingkommunikation bayerischer Unternehmen"** durch.

Ich würde mich sehr freuen, wenn Sie an meiner Studie teilnehmen und mich damit bei meiner Abschlussarbeit unterstützen würden. Die Beantwortung des Fragebogens dauert nur etwa 8 bis 10 Minuten und ist bis einschließlich 04.03.2014 möglich.

{L}

Selbstverständlich werden Ihre Antworten anonymisiert und vertraulich behandelt. Ihre Angaben werden ausschließlich zu wissenschaftlichen Forschungszwecken verwendet und nicht an Dritte weitergegeben. Die Ergebnisse werden nur zusammengefasst ausgewertet. Eine Zuordnung der Daten zu einzelnen Unternehmen oder Personen ist nicht möglich.

Vielen Dank schon im Voraus für Ihre Unterstützung.

Für Rückfragen stehe ich natürlich jederzeit gerne zur Verfügung.

Freundliche Grüße,
Cornelia Münch

Anlage 4: Erinnerungsmail

Betreff: Abschlussarbeit an der Hochschule für angewandtes Management Erding: Umfrage zur Bedeutung und Nutzung von Social Media in der Marketingkommunikation bayerischer Unternehmen

An die Marketingverantwortlichen in Ihrem Unternehmen:

Sehr geehrte Damen und Herren,

gerne möchte ich Sie an meine Untersuchung zum Thema **„Bedeutung und Nutzung von Social Media in der Marketingkommunikation bayerischer Unternehmen"** erinnern, die ich im Rahmen meiner Bachelorarbeit am Institut für Marktforschung der Hochschule für angewandtes Management Erding durchführe:

{L}

Für die Repräsentativität und Auswertbarkeit der Umfrage ist es wichtig, einen ausreichend großen Datensatz, d.h. eine entsprechende Anzahl beantworteter Fragebögen, vorliegen zu haben. Daher möchte ich Sie nochmals bitten, mich bei meiner Abschlussarbeit zu unterstützen und (sofern noch nicht geschehen) bis einschließlich 04.03.2014 an meiner Befragung teilzunehmen. Die Beantwortung des Fragebogens dauert nur 8 bis 10 Minuten.

Selbstverständlich werden Ihre Antworten anonymisiert und vertraulich behandelt. Ihre Angaben werden ausschließlich zu wissenschaftlichen Forschungszwecken verwendet und nicht an Dritte weitergegeben. Die Ergebnisse werden nur zusammengefasst ausgewertet. Eine Zuordnung der Daten zu einzelnen Unternehmen oder Personen ist nicht möglich.

Vielen Dank schon im Voraus für Ihre Unterstützung und herzlichen Dank an diejenigen, die bereits teilgenommen haben. Durch Ihre Antworten leisten Sie einen wertvollen Beitrag zur Verbesserung der Marketingkommunikation von Unternehmen.
Für Rückfragen stehe ich weiterhin jederzeit gerne zur Verfügung.

Freundliche Grüße,
Cornelia Münch

Literaturverzeichnis

ADM Arbeitskreis Deutscher Markt- und Sozialforschungsinstitute e.V. (2014): Stichproben-Verfahren in der Umfrageforschung. Eine Darstellung für die Praxis, 2. Aufl., Wiesbaden 2014.

Beilharz, Felix (2014): Social Media Marketing im B2B. Besonderheiten, Strategien, Tipps, 1. Aufl., Köln 2014.

Bernecker, Michael/Beilharz, Felix (2012): Social Media Marketing. Strategien, Tipps und Tricks für die Praxis, 2. Aufl., Köln 2012.

Brandt, Mathias (2014): Facebook mit Abstand Nummer 1, Hamburg 2014, Online: [http://de.statista.com/infografik/907/top-10-der-sozialen-netzwerke-in-deutschland/], Abruf 12.10.2014.

Bruhn, Manfred (2009): Integrierte Unternehmens- und Markenkommunikation. Strategische Planung und operative Umsetzung, 5. Aufl., Stuttgart 2009.

Bruhn, Manfred (2011): Unternehmens- und Marketingkommunikation. Handbuch für ein integriertes Kommunikationsmanagement, 2. Aufl., München 2011.

Bureau van Dijk Electronic Publishing GmbH (2014a): amadeus, Frankfurt a.M. 2014, Online: [http://www.bvdinfo.com/de-de/our-products/company-information/international/amadeus], Abruf 03.10.2014.

Bureau van Dijk Electronic Publishing GmbH (2014b): AMADEUS-Datenbank, Frankfurt a.M. 2014, Online: [https://amadeus.bvdep.com], Abruf 08.02.2014.

Cook, Collen/Heath, Fred/Thompson, Russel L. (2000): A Meta-Analysis of Response Rates in Web- or Internet-Based Surveys, in: Educational and Psychological Measurement Nr. 60 2000 H. 6, S. 821–836].

Dimitrova, Tanya/Halemba, Christian/Steimel, Bernhard (2010): Praxisleitfaden Social Media Monitoring, Meerbusch 2010, Online:

[http://whitepaper.vhb.jaf-systems.de/aws/startDownload.php/], Abruf 23.11.2014.

Ebersbach, Anja/Glaser, Markus/Heigl, Richard (2011): Social Web. UTB Nr. 3065 : Medien- und Kommunikationswissenschaft, Soziologie, Pädagogik, Informatik, 2. Aufl., Konstanz 2011.

ethority GmbH & Co. KG (2014): Social Media Prisma, Hamburg 2014, Online: [http://ethority.de/social-media-prisma/], Abruf 03.11.2014.

Facebook (2014): Company Info 2014, Online: [http://newsroom.fb.com/company-info/], Abruf 23.08.2014.

Geißler, Cornelia (2010): Was sind… Social Media?, in: Harvard Business manager Nr. o.Jg. 2010 H. 9, S. 31, Online: [http://www.harvardbusinessmanager.de/heft/artikel/a-721549.html], Abruf 23.08.2014.

Grabs, Anne/Bannour, Karim-Patrick (2012): Follow me! Erfolgreiches Social Media Marketing mit Facebook, Twitter und Co. Galileo Computing, 2. Aufl., Bonn 2012.

Grunwald, Guido Frank/Hempelmann, Bernd (2012): Angewandte Marktforschung. Eine praxisorientierte Einführung, München 2012.

Hollaus, Martin (2007): Der Einsatz von Online-Befragungen in der empirischen Sozialforschung. Berichte aus der Sozialwissenschaft, Aachen 2007.

IfM Bonn (2014): KMU-Definition des IfM Bonn 2014, Online: [http://www.ifm-bonn.org/mittelstandsdefinition/definition-kmu-des-ifm-bonn/], Abruf 30.10.2014.

Iltgen, Andrea/Künzler, Simon (2008): Web 2.0 — schon mehr als ein Hype?, in: Belz, Christian/Schögel, Marcus/Arndt, Oliver/Walter, Verena (Hrsg.): Interaktives Marketing: Neue Wege zum Dialog mit Kunden, Wiesbaden, S. 237–256.

Industrie- und Handelskammern in Bayern (2014): Gesamtübersicht der Branchen, München 2014, Online: [http://www.firmen-in-bayern.de/sites/fitby/FileDMS.aspx/FITV3_BY/3/DE/WZW-Branchen-komplett.pdf], Abruf 12.10.2014.

Kilian, Thomas/Langner, Sascha (2010): Online-Kommunikation. Kunden zielsicher verführen und beeinflussen, 1. Aufl., Wiesbaden 2010.

Koch, Achim (2014): Nonresponse in der Umfrageforschung: Das Beispiel ALLBUS, Köln 2014, Online: [http://eswf.uni-koeln.de/lehre/04/04_05/koch.pdf], Abruf 30.10.2014.

Koch, Jörg (2009): Marktforschung. Grundlagen und praktische Anwendungen. Managementwissen für Studium und Praxis, 5. Aufl., München 2009.

Kollmann, Tobias (2007): Online-Marketing: Grundlagen der Absatzpolitik in der Net Economy, Stuttgart 2007.

Meffert, Heribert/Burmann, Christoph/Kirchgeorg, Manfred (2012): Marketing. Grundlagen marktorientierter Unternehmensführung; Konzepte - Instrumente - Praxisbeispiele. Meffert-Marketing-Edition, 11. Aufl., Wiesbaden 2012.

Mossig, Ivo (2012): Stichproben, Stichprobenauswahlverfahren und Berechnung des minimal erforderlichen Stichprobenumfangs. Beiträge zur Wirtschaftsgeographie und Regionalentwicklung Nr. 1-2012, Bremen 2012, Online: [http://www.regionalentwicklung.uni-bremen.de/docs/2012-1_Mossig_Stichproben-Stichprobenauswahlverfahren-Stichprobenumfang.pdf], Abruf 10.10.2014.

Oberzaucher, Astrid (2012): Marktforschung für die praktische Anwendung. Wirtschaft, Wien 2012.

O'Reilly, Tim (2005): What Is Web 2.0, Sebastopol 2005, Online: [http://www.oreilly.com/pub/a/web2/archive/what-is-web-20.html], Abruf 03.09.2014.

Pleil, Thomas (2010): Mehr Wert schaffen. Social Media in der B2B-Kommunikation, Darmstadt 2010.

Schmidt, Holger (2014): Facebook baut Dominanz in Deutschland aus, in: Netzökonom 2014, vom 14.03.2014, Online: [http://netzoekonom.de/2014/03/14/wie-facebook-den-deutschen-markt-dominiert/], Abruf 03.10.2014.

Schumann, Siegfried (2012): Repräsentative Umfrage: Praxisorientierte Einführung in empirische Methoden und statistische Analyseverfahren, 6. Aufl., München 2012.

Surowiecki, James (2005): The Wisdom of Crowds, New York 2005.

Twitter (2014): Twitter Usage 2014, Online: [https://about.twitter.com/company], Abruf 23.10.2014.

Weinberg, Tamar/Pahrmann, Corina/Ladwig, Wibke (2012): Social Media Marketing -- Strategien für Twitter, Facebook & Co, 3. Aufl., Köln 2012.

Wikipedia, Die freie Enzyklopädie (2014a): Statistik. 2014, Online: [http://de.wikipedia.org/wiki/Spezial:Statistik], Abruf 14.09.2014.

Wikipedia, Die freie Enzyklopädie (2014b): Wikipedia 2014, Online: [http://de.wikipedia.org/wiki/Wikipedia], Abruf 14.09.2014.

Wirtschaftspsychologische Gesellschaft (2014): Non-Response als Herausforderung bei Stichproben, München 2014, Online: [http://www.wpgs.de/content/view/392/348/], Abruf 30.10.2014.

XING (2014a): Präsentieren Sie sich bei XING als Arbeitgeber, Hamburg 2014, Online: [https://www.xing.com/companies/contract/select_package], Abruf 14.10.2014.

XING (2014b): XING- Hilfebereich: Welche Mitgliedschaftsformen gibt es?, Hamburg 2014, Online: [https://www.xing.com/help/hilfe-fragen-und-antworten-2/allgemeines-55/die-xing-mitgliedschaften-153/allgemeines-803/welche-mitgliedschaftsformen-gibt-es-101], Abruf 14.10.2014.

Yahoo (2014): Flickr Community-Richtlinien, Dublin 2014, Online: [https://www.flickr.com/guidelines.gne], Abruf 20.10.2014.

YouTube (2014): Über YouTube, San Bruno 2014, Online: [https://www.youtube.com/yt/about/de/], Abruf 05.11.2014.

Die Autoren

Cornelia Münch

Nach dem Abitur und einer erfolgreich abgeschlossenen kaufmännischen Ausbildung begann Cornelia Münch im September 2010 ihr Studium der Betriebswirtschaftslehre mit Schwerpunkt strategisches Management und marktorientierte Unternehmensführung an der Hochschule für angewandtes Management in Erding. Aus dem privaten Engagement in sozialen Medien und der Begeisterung für Marktforschung entstand das Thema für die vorliegende Veröffentlichung. Cornelia Münch ist seit Juli 2014 bei einem weltweit marktführenden Hersteller von Blitz- und Überspannungsschutzgeräten als Social Media Managerin tätig und schloss im Januar 2015 ihr Bachelorstudium mit Auszeichnung ab.

Franz-Michael Binninger

Prof. Dr. Franz-Michael Binninger leitet das Institut für Handelsmanagement an der Hochschule für angewandtes Management in Erding, an der er auch das Amt des Vizepräsidenten ausübt. Er hat an der Universität Passau Betriebswirtschaftslehre studiert und ist in Marketing promoviert. Nach Führungspositionen in mittelständischen Unternehmen war er seit 1999 als Managementberater tätig. Franz-Michael Binninger ist ausgewiesener Experte in Marktforschung und lehrt dieses Gebiet seit 2007 an der Hochschule für angewandtes Management und anderen Hochschulen im deutschsprachigen Raum.